숲해설가가 들려주는 재미있는 역사와 식물 이야기

세계화폐와 명화 속의
식물 이야기

저자 **이창남**

도서
출판 **행복에너지**

제1장 세계화폐 속의 식물 이야기

제2장 세계명화 속의 식물 이야기

○ 서양 명화 속의 역사와 식물 이야기

○ 우리나라 명화 속의 역사와 식물 이야기

초판 1쇄 발행 2024년 4월 1일

지은이 이창남
발행인 권선복
편 집 이항재
감수자 최정민 (Jessica Choi)
교정·교열 권보송
디자인 이항재
전자책 서보미
발행처 도서출판 행복에너지
출판등록 제315-2011-000035호
주 소 (07679) 서울특별시 강서구 화곡로 232
전 화 010-3993-6277
팩 스 0303-0799-1560
홈페이지 www.happybook.or.kr
이메일 ksbdata@daum.net

값 **25,000**원
ISBN : 979-11-93607-19-0 (03900)
Copyright ⓒ 최규범

추천사

추천사를 써 달라는 부탁과 함께 원고를 받았다. '세계화폐와 명화 속의 식물이야기' 책 제목부터 마음이 끌렸다. 저자는 30년간 '유성리베라호텔'에서 근무했다. 퇴직하고 숲 해설가로 활동하고 있다. 저자는 이 책을 쓰게 된 동기를 이렇게 밝히고 있다.

'숲 해설을 부탁받고 가게 되었다. 담당자로부터 숲 주위로 매실나무가 많은데 마침 매화가 활짝 피어 장관을 이루니 한번 짚어 주면 좋겠다는 부탁을 받았다. 매실나무를 어떻게 설명할까 고민하다 지폐가 생각났다. 천 원짜리 지폐에는 매화가 활짝 피었고 5만 원 권에는 매실나무가 멋지게 도안되어 있다. 돈을 가지고 매화를 좋아했던 이황과 임포에 대하여 설명했다. 숲 해설을 듣는 사람들이 무척 재미있어 했다. 이것이 계기가 되어 화폐나 그림 속의 식물이야기를 해 보면 좋겠다는 생각에 글을 쓰게 되었다.'

어느 나라고 자국의 돈에는 자기 나라에서 가장 훌륭하고 존경받는 인물상을 새기거나 가장 귀하고 사랑 받는 동, 식물을 그려 넣는다. 그러니 그 나라 돈에 새겨진 인물과 식물을 통해서 한 나라의 역사와 문화와 국민의식을 알 수 있다. 저자는 말한다. '그 나라 화폐를 보면 그 나라가 나아가고자 하는 지향점이 보인다. 아름다운 자연을 지향하는 국가에서는 식물들이 그 중심에 있다. 세계 각국의 화폐 속에 도안된 식물 속에는 흥미롭고 재미있는 이야기가 있다.' 저자는 각국의 화폐와 명화 속에 그려진 식물의 흥미롭고 재미있는 이야기를 모아 이 책을 만들었다. 그러기에 이 책의 부제목이 '숲해설가가 들려주는 재미있는 역사와 식물이야기'이다.

나도 최말단 9급 산림공무원으로 출발해서 산림청장까지, 38년 4개월간의 산림공무원 생활을 마친 다음 숲해설가 교육을 받고 가끔 숲 해설을 하고 있다. 하지만 한 번도 화폐와 명화 속의 식물을 주제로 숲해설을 하겠다는 생각을 하지 못했다. 숲해설가는 보다 쉽고 재미있게 숲해설을 하려고 많은 노력을 한다. 식물의 생태나 이해에 기반을 두기도 하고 인문학적인 관점에서 숲해설을 하기도 하며 삶에서 느끼고 경험한 사례를 들어 숲 이야기를 하기도 한다. 하지만 화폐와 명화 속의 식물을 가지고 숲해설을 하는 분을 만나보지 못했다.

이 책에는 우리나라를 포함한 40개 나라의 화폐에 그려진 인물과 식물이야기를 담고 있다. 또한 폴 세잔, 에두아르 마네, 클로드 모네, 폴 고갱 등 8명의 서양화가들이 그린 식물이야기와 신사임당, 겸재 정선, 나혜석 등 16명의 우리나라 화가들의 삶과 식물이야기가 실려 있다. 독자들은 이 책을 읽으며 세계 40개 나라의 역사와 인물을 만나게 될 것이며, 그 나라 국민들로부터 가장 사랑받는 식물과 거기에 담긴 이야기를 만나게 될 것이다. 또한 세계 명화 속에 그려진 식물이 바로 이것이구나 하고 무릎을 칠 것이다.

저자는 식물을 전공한 사람이 아니다. 글의 많은 부분은 관련서적과 인터넷 등에서 가져온 것이라고 밝히고 있다. 저자가 밝힌 인용과 발췌 참고문헌만 해도 54개나 된다. 저자의 이러한 노력 덕에 독자들은 편안하게 세계 각국의 화폐와 명화 속에 그려진 식물의 흥미진진한 이야기를 편하게 읽을 수 있게 되었다. '세계 화폐와 명화 속의 식물 이야기' 이 책이 식물을 이해하고 사랑하며 자연과 더불어 풍요로운 삶을 누리는 길잡이가 되어 보다 많은 분들에게 읽혀지기를 소망한다.

2024년 1월 **조연환**
(제25대 산림청장, 시인, 숲해설가)

추천사

　　저자와는 2004년 '대전둘레산길잇기' 활동 동호회에서 만났다. 그 당시 저자는 백두대간을 단독종주 중이었던 대전의 산꾼이었다. '대전둘레산길잇기' 카페를 만들고 활동을 하면서 대전을 알리는 데 함께 하였다. 덕분에 '대전둘레산길잇기'는 '대전둘레산길'이라는 이름으로 2022년 11월 8일 대한민국 제7호 '국가숲길'로 지정되었다. '국가숲길'은 산림청장이 산림생태적 가치나 역사 문화적 가치가 높아 체계적 운영관리가 필요한 숲길로 정한 곳을 말한다.

　　이후 저자는 백두대간을 2번 종주하고 남한의 9정맥 중 7정맥을 마치고 마지막 금북정맥과 한남금북정맥만을 남겨 놓고 있다고 한다. 저자는 원래 호텔맨이었다. 정년퇴직을 하고 숲해설가로 활동한다고 했을 때 산꾼으로서 딱 맞는 길이라고 생각했다. 숲해설가로 활동하면서도 대전시민대학에서 '숲해설가가 들려주는 식물인문학'을 강의하였는데 항상 빨리 마감되는 인기 강좌였다. 그 강의 자료를 모아 책을 발간한다고 한다. 그런데 책 제목이 『세계화폐와 명화 속의 식물 이야기』다. 의외였다. 보통 숲해설 하면 대상별 숲해설 방법이라든지 어떻게 하면 재미와 감동을 주는 숲해설 프로그램을 만들 수 있을까? 하는 방법을 제시하는 책인 줄 알았다. 그렇지 않으면 꽃과 나무의 생태적 관찰과 인문학을 가미한 인간과의 관계를 설명한 책인 줄 알았다. 그런데 돈과 그림 속의 식물 이야기라니 참 독특하고 신선하다고 생각했다. 저자다운 발상이라고 생각한다.

저자는 현재 (사)대전문화유산울림에서 함께 활동하며 상임이사로 재직하고 있다. 같이 활동하면서 '울림' 산하 '바위구멍연구모임'도 함께하고 있다. '바위구멍연구모임'을 같이 하면서도 남다른 열정으로 2014년 『바위구멍 여행, 한밭에서 피어나다』라는 책을 발간하기도 하였다. 아마도 바위구멍과 관련한 단행본은 전국 최초가 아닐까 싶다.

『세계화폐와 명화 속의 식물 이야기』의 부제목이 '숲해설가가 들려주는 재미있는 역사와 식물 이야기'다. 식물 이야기뿐만 아니라 배경이 되는 역사도, 함께 실어 재미를 더했다. 멕시코 화폐에서는 부부 화가가 나오고 스웨덴 화폐에서는 유명 인물의 고향에는 그 지역마다 상징하는 꽃이 있다는 것을 알게 한다. 그리고 김명국, 최북, 김홍도, 신윤복, 나혜석 등이 그린 명화와 화가의 이야기가 흥미진진하게 펼쳐지는 책이다. 숲해설가뿐만 아니라 일반인에게도 꼭 권하고 싶은 역사와 식물 이야기가 담긴 인문학 책이다.

2024년 1월 **안여종**

((사)대전문화유산울림 대표)

추천사

화폐와 숲의 가치는 아무리 강조해도 지나치지 않다. 화폐는 교환의 매개체로서 상품이나 서비스를 구매할 때 사용되는 가치 척도의 단위이다. 화폐의 가치는 국가의 경제 상황, 인플레이션, 금리 등에 따라 변동하며, 화폐를 보유함으로써 수익은 물론 이자까지 얻게 된다. 숲은 자연 생태계를 유지하고, 대기 오염을 방지하며, 기후 변화를 완화하는 등 다양한 가치를 가지고 있다. 목재, 약초, 열매 등의 자원을 제공하며, 관광산업에도 큰 역할을 한다. 화폐와 숲은 서로 다른 가치를 가지고 있지만, 모두 인간의 생활에 중요한 역할을 한다.

따라서 화폐와 숲은 '입술이 없으면 이가 시리다'는 말로 서로 떨어질 수 없는 밀접한 관계라는 뜻을 지닌 순망치한(脣亡齒寒)처럼 매우 가까운 사이인 셈이다. 이창남 작가와는 오래전 대전광역시 명예기자로 만났다. 평소 사면춘풍(四面春風)의 마인드와 언제나 넉넉한 미소는 생면부지의 사람조차 금세 무장을 해제하게 만든다.

그래서 이창남 작가의 신간 『세계화폐와 명화 속의 식물 이야기』에 거는 기대가 크다. 숲해설가로 활동하면서 치열하게 글까지 쓰는 이창남 작가는 성실하기로도 으뜸으로 소문난 따뜻한 남자다. 평소 그의 따뜻함과 너른 시선이 이 책 안에 고스란히 담겼다. 『세계화폐와 명화 속의 식물 이야기』에서 식물이 들어간 화폐는 전 세계를 망라하였다 한다. 이런 이야기를 책으로 엮은 예는 나는 보지 못했다. 세계명화와 우리나라 명화도 마찬가지인데, 식물을 중심에 두고 이야기를 풀어갔다는 점이 기발하다. 명불허전 이창남 작가가 심혈을 기울여 집필한 『세계화폐와 명화 속의 식물 이야기』는 식물전문가뿐만 아니라 일반 독자에게도 일독을 권장한다.

갑진년 청룡의 새해 아침에 **홍경석**

(N뉴스통신 편집국장, '두 번은 아파봐야 인생이다' 외 저서 모두 6권 발간)

추천사

숲해설가인 작가님과는 청춘을 불살랐던 직장에서 선후배 사이로 만났습니다. 작가님에 대한 기억은 산, 숲, 나무로 가득 채워져 있습니다. 작가님은 직장 내에서 산악회를 조직하여 쉬는 날이면 동료들과 산으로 숲으로 향했고, 늘 웃는 모습으로 솔선수범하며, 후배들이 믿고 따르는 선배였던 작가님의 모습은 마치 큰 나무와도 같은 모습이었습니다. 이후 대전광역시 명예기자단으로 활동하면서 지역의 둘레길 잇기와 문화유산 발굴, 소개에 열정을 가진 향토전문가로서의 작가님의 모습을 알게 되었습니다.

이번에 발간되는 작가님의 책 『세계 화폐와 명화 속의 식물 이야기』는 이러한 작가님의 식물에 대한 열정과 애정을 한껏 담아, 우리가 미처 깨닫지 못했던 숲과 식물에 대한 숨겨진 이야기는 물론 세계 각국의 문화와 역사까지 배울 수 있는 좋은 기회가 될 것입니다. 세계 각국의 화폐와 명화를 통해 그 시대를 이해하고 숲과 관련되어 독자들에게 새로운 기쁨과 설렘을 줄 것입니다.

언제나 산과 사람을 사랑하는 저자가 마음을 다해 소개한 이번 신간이 독자분들에게 힐링과 위안이 되고 더불어 좋은 정보 습득의 기회가 되기를 소원합니다.

갑진년 청룡의 새해에　**박현복**

(현, 대전시민대학 "내 안의 힘을 기르는 여가테스" 강사
대전시민대학 레크리에이션 배달 강사
대한민국 건강전도사(체력왕, 헬스왕, 자전거왕))

시작하며

나는 현재 현장에서 숲 해설을 하는 숲해설가다. 꽃과 나무를 이야기하고 풀에 대하여 설명하면서 자연의 소중함도 이야기한다. 유아부터 성인까지 다양한 사람들을 만나 이야기를 나눈다. 같은 식물을 두고도 아이들이 보는 것과 어른들이 바라보는 관점이 다르다.

같은 달개비를 보고도 예쁘다는 사람이 있는가 하면 잡초라고 말하는 사람이 있다. 또한 **"된장국은 역시 달개비 된장국이 최고다."**라고 말하는 사람이 있다. 그러나 어떤 이는

▲ 닭의장풀(달개비)

커다란 2장의 파란 꽃잎과 1장의 작은 흰색 그리고 4개의 노란 헛수술의 조화에 감탄한다. 또 다른 사람은 초록의 포엽 속에 싸인 파란 꽃잎의 자태에 고고한 학의 모습을 연상한다. 그리고 달개비보다는 닭장 근처에 많이 피어나고 닭의 볏을 닮았다고 하여 닭의장풀이란 꽃으로 기억하는 사람도 있다. 또 다른 사람은 이 달개비는 당나라의 시인 두보가 매우 좋아했던 꽃이라고 말하는 사람도 있다. 댓잎과 모습이 흡사해 '꽃이 피는 대나무'로 이야기를 하는 사람도 있다. 이렇듯 같은 식물이라 할지라도 그 식물을 바라보는 관점이 다르다.

같은 나무를 가지고도 마찬가지다. 어떤 사람은 생태적 설명에 관심이 많고 어떤 사람은 인문학적 접근에 좋아하는 사람이 있다.

식물의 이야기는 숲에만 있는 것이 아니다. 우리의 일상생활에도

많이 있다. 조금만 관심을 갖고 우리 주위를 살펴보면 모든 사물이 식물과 연관되어 있다. 그래서 우리의 인류는 식물을 빼놓고는 살아갈 수가 없다. 의식주라 해서 입는 옷이 그렇고 먹는 것이 그렇고 잠을 자는 생활 자체가 식물과 연관되어 있다. 우리의 인류사는 인류가 식물을 어떻게 잘 이용해 왔느냐 하는 식물의 역사이기도 하다. 지금도 우리는 식물을 어떻게 이용하면 잘 살 수 있을까 하는 진행의 역사 속에 살고 있다.

우리의 삶의 목적은 편안하고 행복한 삶일 것이다. 그 편안하고 행복한 삶이 영위될 수 있는 중심에는 아마도 돈도 포함될 것이다. 개인적으로 얼마나 많은 돈을 버느냐, 그리고 가지고 있느냐에 따라서 나타나는 삶의 형태도 달라진다. 물론 돈이 그 사람의 행복을 나타내는 절대의 척도는 아니다. 그렇지만 개인의 삶에 잠시도 없어서는 안 되는 것이 돈이다. 그 돈에도 식물의 이야기가 있다. 각 나라에서 발행되는 돈, 즉, 화폐 속에는 많은 식물이 도안되어 있다. 그 나라 화폐를 보면 그 나라가 나아가고자 하는 지향점이 보인다. 화폐 속에는 인물과 역사적 건축물들이 대부분이지만 아름다운 자연을 지향하는 국가에서는 식물들이 그 중심에 있다. 세계 각국의 화폐에 도안된 식물 속에는 흥미롭고 재미있는 이야기가 있다.

아름다움을 표현하고 창조하는 일에 목적을 두고 작품을 제작하는 모든 인간 활동과 그 산물을 통틀어 우리는 예술이라고 한다. 많은 분야의 예술이 있지만, 음악과 미술이라는 분야는 예술 분야에서도 큰 비중을 차지한다. 음악과 미술이라는 예술 속에도 식물들의 이야기는 빼놓을 수 없다. 음악 속에도 식물들이 속한 자연을 담아낸 작품들이 많지만, 특히 미술 세계에서는 자연을 담아낸 작품들이 많다. 그중 세계 각국의 화가들이 그린 명화 속에는 식물을 소재로 그린 명화가 많다. 그 명화 속 식물에게도 흥미롭고 감동적인 이야기가 있다.

또한 식물은 사람이 살아가는 삶에 크게 영향을 미친다. 더 나아가서는 식물이 세상을 바꾸기도 한다. 즉 세계의 경제를 바꾸고, 인류의 삶을 바꾸어 놓는다. 인류를 고통에서 벗어나게 한 치료약도 식물이 없었으면 불가능한 일이었다. 세상 사람들의 맛과 풍습을 바꾸어 놓은 것도 식물이다. 숭배와 흠모 대상이 되는 식물도 있다. 식물로 인해 한 나라의 역사가 뒤바뀌기도 한다. 식물이 얼마나 위대한지를 말해 주는 대목이다. 마지막으로 세계의 화폐는 '시나브로의 세계화폐' 블로그를 운영하는 '시나브로님'으로부터 많은 도움을 받았다. 또한 이 책이 나올 수 있도록 책의 출판사의 권선복 대표님과 이항재 실장님에게도 깊이 감사를 드린다.

갑진년 청룡의 해 산토끼   이창남

「세계화폐와 명화 속의 식물 이야기」 출판 후기

화폐는 인류 문명 발전의 상징입니다. 그렇기에 세계 각국의 화폐에 새겨진 그림에는 그 나라의 역사가 담겨 있고, 사람들이 오랫동안 살아 온 자연환경에 대한 애정과 관심이 담겨 있습니다.

이 책 『세계화폐와 명화 속의 식물 이야기』는 숲 해설가로 활동하면서 인류의 생활 터전인 숲과 식물, 자연에 대한 대중의 관심과 애정을 불러일으키고 있는 이창남 저자가 들려주는 세계 각국의 화폐와 명화 속에 담긴 인물과 식물 이야기입니다. 아르헨티나 화폐 속 국민들이 가장 사랑했던 영부인 '에바 페론'과 국목(國木) '에리스리나'에서부터 북한 화폐의 앞면을 장식한 목란꽃에 이르기까지 50여 개국의 화폐 속 식물을 통한 역사와 문화 이야기를 흥미진진하게 따라가다 보면 복합적인 인문학적 지식이 부쩍 늘어 있는 자신을 발견할 수 있을 것입니다.

환경과 생태에 대한 관심이 그 어느 때보다도 중요한 시대, 숲 해설가가 들려주는 화폐와 명화 속 세계의 역사와 자연 이야기가 독자분들에게 글로벌 시대에 걸맞는 안목과 지식을 키워줄 수 있기를 소망합니다.

도서출판 행복에너지 대표이사 **권선복**

숲해설가가 들려주는
재미있는 역사와 식물 이야기

숲해설가가 들려주는 재미있는 역사와 식물 이야기

세계화폐 속의
식물 이야기

AMERICA

아메리카 화폐 속의
역사와 식물 이야기

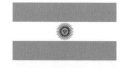

아르헨티나

ARGENTINA

아르헨티나는 1816년 스페인으로부터 독립하였다. 아르헨티나 화폐는 1985년부터 아우스트랄의 통화를 사용하다 1992년 화폐개혁으로 페소를 현재의 통화로 사용하고 있다. 아르헨티나 중앙은행은 2012년 에바 페론 사망 60주년 추모기념으로 100페소를 발행한다. 앞면에는 에바 페론과 아르헨티나의 국목(國木)이면서 나라꽃인 에리스리나(*Erythrina cristagalli*)가 도안되어 있다. 뒷면에는 로마의 신화에 나오는 땅의 여신 텔루스와 아우구스투스 튤립(*Tulipa gesneriana L.*)이 도안되어 있다.

앞면의 에바 페론은 살아서는 '신데렐라' 죽어서는 '잠자는 미녀'로 아르헨티나인들의 가슴에 영원히 남아있는 여인이다. "아르헨티나여, 나를 위

해 울지 말아요. (Don't Cry for Me Argentina)"란 뮤지컬을 모르는 사람도 한 번쯤은 귀 기울여보았을 멜로디이다. 영국의 전설적인 작곡·작사가 앤드루 로이드 웨버가 만든 뮤지컬 '에비타(에바 페론의 애칭)'는 공개 당시 전 세계적으로 센세이션을 일으켰으며, 오늘날까지도 세계 곳곳에서 끊임없이 리바이벌되고 있다.

에비타는 1996년 영화로도 만들어졌는데 팝디바 마돈나가 주인공 에바 페론으로 열연하여 공존의 히트를 한 영화다. 그녀는 눈부신 미모와 타고난 언변으로, 시골뜨기 가난한 소녀에서 일국의 영부인이자 '빈자들의 성녀'로 도약했다. 하지만 서른셋의 나이에 자궁암으로 요절한 에비타의 파란만장한 삶은 그녀를 완벽한 주인공으로 만든 요소이다.

▲ 아르헨티나의 성녀, 에바 페론

에바는 1919년 부에노스아이레스주의 작은 마을에서 태어났다. 아버지에게 버림받아 가난한 생활을 하며 살아갔다. 찢어지게 가난한 생활을 하면서도 영화배우라는 꿈을 키웠던 에바는 20살이 되면서부터 유명 연예인이 되면서 경제적으로도 크게 성공하게 된다. 1944년 에바는 육군 대령 출신으로 당시 노동부 장관이던 후안 페론을 만난다. 첫 번째 부인을 잃고 독신으로 있던 후안 페론은 에바의 미모에 반하여 1945년 정식으로 결혼을 한다. 그다음 해 대통령 선거를 준비하며 에바는 남편의 선거 유세 자리에 동행하며 대중으로부터 폭발적인 인기를 얻으며 에비타라는 애칭을 얻는다. 후안 페론은 대통령 선거에서 승리하여 아르헨티나 36대 대통령으로 취임하게 되고 에바는 영부인이 된다. 영부인이 된 에바는 자신의 이름을 딴 복지재단을 설립해 노동자와 서민을 위한 복지정책들을 펼친다. 민중들의 인기를 한 몸에 받으면서 '성녀'라는 호칭을 들으며 존경받는다. 에바는 대통령보다 더욱 유명해지게 되고 덩달아 남편 후안 페론의 인기도 치솟아 오른다. 이로 인해 후안 페론은 국민들로부터 재신임을 받아 재선에 성공한다. 후안 페론은 에바를 영적 지도자 자리까지 올려놓는다. 하지만 에바는 자신의 삶이 다했음을 알게 되면서 짧은 자신의 삶이 마치 '별'과 같다고 말한다. 자궁암 악화로 1952년 7월 26일 숨을 거두는데 그녀의 나이 겨우 33세였다. 에바의 장례식은 아르헨티나 국민의 비탄 속에 장엄하게 치러진다. 에바의 사망 후 1955년 발생한 군부 쿠데타로 대통령직을 잃은 후안 페론은 16년 동안 스페인에서 망명 생활을 하게 된다. 죽은 에바의 시신을 옮기는 곳마다 그녀의 추종자들이 몰리는 바람에 군부는 그녀의 시신을 비밀리에 이탈리아로 옮긴다. 1973년 대통령 선거에서 후안 페론은 에바의 열렬한 지지자들로부터 후광을 업고 또 한 번 당선되는 기염을 토한다. 이로써 16년 동안 국외로 떠돌던 그녀의 시신은 고국 아르헨티나로 돌아올 수 있었다. 죽은 에바가 살아 있는 후안 페론을 당선시킨 것이다. 그 이면은 아르헨티나 국민 가슴 속에는 결코 죽음으로도 잊히지 않는 에바가 있다는 증거이다.

100페소에 도안되어 있는 에리스리나는 남미가 원산지이며 10월에서 다음 해 4월까지 7개월간 꽃이 핀다. 꽃의 모양이 수탉의 벼슬을 닮아 '닭벼슬나무'라고도 부른다. 그 외에도 황

▲ 에리스리나(닭벼슬나무)

금목·홍두화·산호나무 등 다양한 이름으로 불린다. 나무에서 진통제를 만드는 원료를 채취하기도 한다. 꽃은 아르헨티나뿐만 아니라 우루과이의 국화(國花)이기도 하다.

뒷면에는 텔루스(Tellus)와 튤립 한 송이가 도안되어 있다. 텔루스는 로마 신화에 등장하는 대지의 여신으로 만물의 근원으로 숭배되며 그리스 신화에 나오는 가이아와 동일시되는 여신이다. 튤립의 원산지는 튀르키예 지방이다. 꽃 모양이 머리에 쓰는 터번과 비슷하여 튤립이라는 이름을 갖게 되었다. 왕관 같은 꽃, 검과 같은 잎, 황금색의 뿌리, 꽃의 여신이 억울한 소녀의 넋을 위로하여 만든 꽃이라고 전해진다. 지금은 네덜란드를 상징하는 꽃이 되었다. 화폐 속의 한 송이 튤립은 일명 아우구스투스 튤립으로 17세기 네덜란드의 튤립 애호가들이 가장 갖고 싶었던 품종이다. 튤립이 돌연변이를 일으킨 꽃으로 일명 센페이 아우구스투스라 하여 영원한 황제(Semper Augustus)라 불렀다. 아르헨티나 100페소에는 에바와 함께한 파란만장한 아르헨티나의 현대사를 지켜본 에리스리나란 식물이 있다.

도미니카공화국

Dominican Republic

도미니카공화국은 북아메리카 카리브 제도에 있는 나라이다. 수도는 산토도밍고이고 카리브 제도의 국가 중 쿠바에 이어 두 번째로 큰 나라이다. 1821년 스페인으로부터 독립하였다. 그러나 완전한 독립은 1930년에 이루어졌다. 무려 대통령이 50번이 바뀌고 쿠데타가 30번이나 일어나는 대혼란을 겪으며 이룬 독립 정부였다.

1844년부터 발행된 도미니카공화국의 통화는 페소이다. 2013년에 발행된 200페소 앞면에는 마호가니꽃(*Swietenia mahogani*)과 세 자매가 도안되어 있다.

왼쪽부터 첫째인 파트리 미라발(1924~1960), 셋째인 마리아 미라발(1926~1960), 넷째인 안토니아 미라발(1935~1960)이다. 이들의 아버지는 성공한 농부이자 무역상이었고, 자매는 모두 대학 교육을 받았다. 라파엘 트루히요의 독재가 기승을 부리자 변호사였던 셋째 마리아는 독재에 저항하는 단체의 일원이 됐다. 마리아와 두 자매는 독재에 항거하는 지하조직에서 활동하다 체포돼 고문과 학대를 받았다. 1960년 11월 25일, 세 자매는 트루히요의 비밀경찰들에게 끌려가 사탕수수밭에서 곤봉으로 맞아 살해됐다. 둘째인 벨히카 미라발(1925~2014)만이 살아남았다. 이들의 죽음은 교통사고로 위장됐지만, 세 자매의 죽음은 트루히요에 대한 민중의 분노를 촉발했다. 결국 6개월 후 독재자는 암살됐다. 1981년 나비들이라는 별명을 지닌 미라발 자매들을 라틴아메리카의 여성 활동가들은 세 자매가 사망한 11월 25일을 '세계 여성폭력 추방의 날'로 정했고, 1999년 12월 17일 유엔총회에서 '세계 여성폭력 추방의 날'을 공식 인정했다. 이처럼 인류의 역사를 바꿔놓은 사건의 중심에는 여성들이 있었다. 오랜 사회적 차별과 핍박 속에서도 사회 개혁과 여권신장을 위해 자신의 삶을 내놓았던 이들이다. 높고 단단한 '유리천장'을 깨기 위한 이들의 노력은 지금도 진행형이다.

▲ 마호가니꽃

　세 자매 옆으로 새겨진 꽃은 마호가니 꽃으로 도미니카공화국의 국화이다. 뒷면에는 미라발 자매들이 살았던 작은 도시 살세도(salcedo)의 고향 집과 마호가니 한 그루 그리고 자매의 기념비(monument to the mirabal sisters)가 도안되어 있다.

　멀구슬나무과에 속하는 마호가니는 중남미 열대우림이 원산지이다. 마호가니의 심재는 검붉은 루비 빛을 띠는 갈색으로 목재가 단단하면서도 나뭇결이 아름다워 연마하면 촉감이 부드럽다. 그래서 따뜻하면서도 고풍스러운 느낌을 주는 색상 때문에 가구를 만들 때 사용하는 목재 중 최고로 꼽힌다. 특히 목재 자체의 특성으로 음향성과 음의 울림 효과가 커 피아노, 기타 등의 악기 재료로 최상의 가치를 가진다. 마호가니 원목의 중요성은 남미국가 벨리즈의 국기에 두 명의 벌목공이 그려져 있고 마호가니가 도안된 것만 봐도 충분히 알 수 있다. 국기에 그려질 만큼 마호가니는 당시 남미인에게 중요한 생활 수단이었다. 이처럼 마호가니의 유통은 오랜 역사를 가지고 있지만, 1950년에서 2003년까지 세계의 약 70%의 마호가니가 벌채되었다고 한다. 이에 따라 국제 멸종위기종 무역에 관한 협약에서 마호가니를 무역 제한 품목으로 보호하고 있다. 도미니카공화국 200페소는 마호가니 꽃과 함께 자유민주주의의 소중함을 말해 주고 있다.

수리남

REPUBLIC OF SURINAME

수리남은 남미에서 가장 작은 나라로 열대우림이 영토의 80%를 차지한다. 네덜란드 식민지로 있다가 1975년 분리 독립하면서 국호를 지금과 같이 바꾸었다. 독립이 되면서 통화는 수리남 휠던(길더)을 사용하다 2004년 화폐개혁에 따라 지금의 달러로 통용되고 있다.

수리남의 화폐는 매우 흥미로운 특징을 가지고 있다. 화폐개혁 이전(2000년 발행)은 새와 꽃 시리즈로 발행되었고 화폐개혁 이후에는 나무와 꽃 시리즈로 발행되었기 때문이다. 현재 화폐를 발행하면서 이렇게 전 단위의 지폐에 인물 도안 없이(구권 · 신권) 꽃과 새 그리고 곤충을 비롯한 파충류와 나무 같은 자연의 시리즈를 담는 나라는 아메리카에서는 수리남이 유일하다. 물론 초창기에는 수리남의 화폐에도 인물 도안이 있었다.

그래서 화폐수집가들 사이에서는 수리남 화폐가 가장 인기 있는 화폐 중의 하나라고 한다. 신권보다는 화려한 새들과 꽃으로 도안된 구권(2000년 발행)은 누구나 소장하고픈 화폐라고 한다. 그것도 풀세트로 말이다. 현재 수리남 화폐의 앞면은 중앙은행이 공통으로 도안되어 있다.

  5달러 앞면에는 님파이아케아이(*Nymphaea tetragona Georgi*)꽃이 도안되어 있고 뒷면에는 그란리오강과 코코넛야자가 도안되어 있다. 님파이아케아이는 수련과에 속하는 식물로 80여 종이 세계 곳곳의 온대 및 열대 기후 지역 민물에서 자라는데 우리나라에서는 가시연꽃·개연꽃·왜개연꽃·참개연꽃 등이 분포한다.

  코코넛야자(*Cocos nucifera*)는 종려과에 속하는 상록 교목으로 열매는 코코넛이다. 열대 해안에 코코넛야자가 많은 이유 중 하나는 열매인 코코넛이

해류를 따라 수백 km를 항해할 수 있어서이다. 그 이유는 질긴 섬유질로 된 과피 때문이다. 식물의 생존능력에 그저 감탄할 따름이다. 나무처럼 보이는 코코넛야자는 생태적으로 분류를 하면 초본식물이다.

10달러 지폐에는 일명 벌집을 닮아서 벌집생강(*Zingiber spectabile*)이라는 이름이 붙은 꽃과 황금트럼펫나무(*Tabebuia chrysotricha*)가 도안되어 있다.

벌집생강 꽃은 태국과 말레이시아 등의 열대 아시아 지역이 원산지이고 황금트럼펫나무는 남미가 원산지로 능소화과이며 브라질의 나라꽃이고 베

네수엘라를 상징하는 나무이기도 하다. 황금트럼펫나무는 곤충에 의해 해를 잘 입지 않고 단단해서 가구나 데크 등의 목재로 많이 쓰인다.

20달러 지폐에는 일명 시계꽃과 맹그로브 나무가 도안되어 있다. 시계꽃 (*Passiflora caerulea L.*)은 시계꽃 과로 남미가 원산지인 상록성 덩굴식물로 꽃이 아름다워 많은 나라에서 관상식물로 재배한다.

맹그로브는 가지에 붙어 있는 열매 속에서 뿌리가 자라기 시작해, 어느 정도의 크기에 이르면 그 뿌리의 끝부분에 새싹이 붙은 상태로 열매가 떨어진다.

이와 같이 어미 식물 위에서 새끼식물이 자라기 때문에 이런 종자를 태생 종자라고 한다. 맹그로브는 새끼식물이 자라면 어미에서 떨어져 해류를 타고 흩어져 진흙 표면에 내려앉아 성장한다. 물론 그 아래 떨어져 바로 성장하기도 한다. 인간이 상상하는 그 이상의 지혜를 발휘해 가면서 살아가는 나무다.

100달러 지폐에는 파초과인 헬리코니아(*Heliconia rosstrata*)와 피테로카르푸스(*Pterocarpus officinalis*)나무가 도안되어 있다. 피테로카르푸스를 '용혈나무'라고도 한다. 이는 껍질을 벗기면 붉은 수액이 흐르는데 수액이 '용의 피'와 같다고 해서 붙여진 이름이다. 이 나무는 맹그로브와 비슷하고 늪과 해안 숲에서 자란다. 뿌리는 공생 박테리아를 사용하여 질소를 고정하여 토양을 풍요롭게 만든다.

헬리코니아는 바다가재발톱꽃과 천국의 가짜 새라는 별명이 붙은 꽃이다. 원산지는 중남미 아메리카로 나무에 화려한 새가 앉아있는 것 같이 보여 천국의 가짜 새라는 별명을 가지고 있다. 꽃은 줄기에 거꾸로 달린

▲ 헬리코니아(바다가재발톱꽃)

형태로 꽃대가 성장하며 가재의 발톱을 닮은 붉은 색의 포엽이 아래쪽으로 내려가면서 달린다. 그래서 바다가재의 발톱을 닮았다 하여 바다가재발톱꽃이라고도 한다. 볼리비아의 국가상징 꽃이기도 하다. 수리남의 화폐개혁 이전인 2000년에 발행된 화폐는 현재 유통되고 있는 화폐보다 더 화려하다. 꽃과 새를 중심으로 곤충과 파충류가 도안되어 있는데, 구즈마리, 캐논볼트리, 플루메리아, 만데빌라, 비올라세아 등 아름다운 꽃들로 장식이 되어있기 때문이다. 현재 유통되고 있는 화폐는 나무시리즈를 넣다 보니 꽃보다는 화려하지 않다. 하지만 한 나라의 얼굴이라 할 수 있는 화폐에 온전히 자연을 담는다는 것은 그만큼 자연을 최우선으로 한다는 이야기이다. 우리나라 화폐에는 조선시대를 대표하는 인물 중심으로 그려져 있다. 우리나라와 비교하여 수리남 화폐는 온전히 식물로 도안된 것을 보면서 숲해설가로서 그저 부러울 뿐이다.

칠레

CHILE

칠레는 1810년 스페인으로부터 독립을 하였다. 칠레의 통화는 페소로 1975년부터 발행되는 화폐의 단위를 말한다. 칠레의 2000페소 앞면에는 코피후에(*Lapageria rosea*)와 마누엘 로드리게스 에르도이사가 도안되어 있다. 마누엘 로드리게스 에르도이사는 칠레 독립전쟁의 영웅으로 불리는 인물이다. 변호사 출신이었으며 1814년 독립연합정부가 왕당파의 반격으로 피신했을 때 그는 신출귀몰한 게릴라전을 수행했고 변장에 능했다고 한다. 왕당파에게 압수한 재산을 가난한 사람들에게 나누어 주기도 했으나 33세의 나이로 총살당했다.

마누엘 로드리게스 에르도이사 옆으로 도안된 꽃은 칠레의 국화(國花)인 코피후에이다. 상록 덩굴 식물이며 칠레 남부에서만 자생하는 꽃으로 빨간색과 흰색 두 가지가 있으며 그중 빨간색이 전쟁 때

▲ 코피후에(칠레동백꽃)

흘린 피를 영구히 기념하고자 국화로 채택되었다. 1속 1종의 희귀한 꽃으로 동백꽃을 길게 늘인 것 같이 보여 칠레동백꽃이라 부르기도 한다.

이 꽃에는 슬픈 전설이 전해진다. 마푸체족 추장의 딸 후에스(Hues)와 페우엔체족 추장의 아들 코피(Copih)가 나우엘(Nahuel) 호숫가에서 사랑의 언약식을 나누는 것을 보고 후에스(Hues)의 아버지가 호위병을 시켜 창으로 찔러 죽이게 했다. 얼마 후 두 부족은 이 연인을 추모하기 위해 호숫가에 모였다. 동이 텄을 때 그들 앞에는 서로의 몸을 감고 올라가는 꽃이 피어 있었다. 하나는 피같이 붉은색으로 다른 하나는 눈같이 하얀색으로 훗날 사람들은 이 연인을 기리는 뜻에서 그들의 이름을 합쳐(Copih와 Hues) 코피후에(Copihue)라 부르게 되었다.

뒷면에는 냘카스 보호구역 내의 아콩카과산과 칠레소나무(*Araucaria araucana*)가 도안되어 있다. 칠레소나무에 앉아 있는 새는 가는부리앵무새이다. 칠레소나무는 칠레의 국목(國木)이다. 소나무라 불리지만 소나무과가 아니라 아라우카리아과에 속한다. 칠레소나무의 열매는 칠레 사람들에게는 농축된 탄수화물의 공급원이기도 하다. 잎끝이 뾰족하여 나무를 잘 타는 원숭이도 올라가지 못한다 하여 몽키퍼즐트리라고도 한다. 빅토리아풍의 정원사들이 좋아하는 위풍당당한 칠레소나무는 멸종위기종 나무이다. 벌목되거나 방화 등으로 서식지가 파괴되어 개체 수가 줄어들었기 때문이다.

칠레 화폐 5000페소 앞면에는 가브리엘라 미스트랄(Gabriela Mistral, 1889~1957)과 2000페소와 마찬가지로 코피후에가 도안되어 있다.

칠레의 시인 가브리엘라 미스트랄은 1945년 남아메리카 최초로 노벨문학상을 수상하였으며, 교사와 외교관으로도 활동하였다. 가브리엘라 미스트랄은 1889년 칠레 북부의 비쿠냐에서 태어났다. 가브리엘라 미스트랄이라는 이름은 1905년 그녀가 지역신문에 시를 기고하면서부터 쓰기 시작한 필명이었다. 젊은 시절 그녀는 큰 고통을 경험하게 되었다. 그녀가 사랑했던 남자가 자살을 한 것이다. 그러나 그녀는 마음의 상처를 달래며 평생 결혼하지 않고 살았다. 시인은 이때의 상처와 고뇌를 담아 『죽음의 소네트(Sonetos de la muerte)』라는 시를 발표했는데, 이것이 산티아고의 권위 있는 백일장에서 장원작으로 선정되면서 시인으로서의 가브리엘라 미스트랄의 이름이 빛을 발하게 되었다.

1922년 발표된 시집 『비탄(Desolación)』은 그녀의 초기 대표작으로 꼽힌다. 이 시집은 이제껏 발표했던 시들에 새로운 작품을 가미하여 발표한 것이었는데, 남미 전역에 칠레의 여성 시인 가브리엘라 미스트랄의 이름을 알리는 계기가 되었다. 그녀는 어린 나이에 시작한 초등학교 교사에서 훗날 대학의 교수가 되어서까지 많은 후학들을 가르쳤고 그들에게 꿈을 주었다. 그 속에는 훗날 유명한 시인이 되는 파블로 네루다(Pablo Neruda)도 있었다. 1971년 파블로 네루다는 가브리엘라 미스트랄에 이어 남미에서 2번째 노벨문학상을 수상한 사람이다. 1945년에 가브리엘라 미스트랄이 노벨문학상을 수상할 당시 그녀의 나이는 57세였다. 외교관으로서 유럽에서 많은 활동을 했고 국제연합에서도 문화 사절로 많은 지역을 여행하며 인간적인 삶의 길이 어떤 것인지를 알리려 노력하였다.

스웨덴의 노벨위원회는 그녀를 노벨문학상 수상자로 선정하면서 그 이유에 대해 다음과 같이 발표하였다.

"라틴아메리카의 이상주의적 소망을 작가의 이름으로 대치할 수 있을 정도로 확고하게 만든 그녀의 강한 서정시들을 높이 평가함."

1951년 칠레 국가문학상을 수여 받고, 1957년 1월 10일 췌장암을 이기지 못하고 68세의 나이로 뉴욕의 병원에서 숨을 거두었다.

칠레 5000페소 뒷면에는 라 캄파나(La Campana)국립공원과 칠레와인야자(*Jubaea chilensis*)가 도안되어 있다. 칠레와인야자는 칠레가 원산지이다. 해발 1,400m 고도에서 성장 속도가 아주 느린 야자로 추운 겨울에도 잘 견디며 자생지 특성으로 따뜻한 겨울과 건조한 여름이 성장기이다. 다 자란 열매는 야자와인이나 당밀을 만들기 위해 채취한다.

칠레의 2000페소와 5000페소에는 코피후에, 칠레소나무, 칠레와인야자가 도안되어 있는데 모두가 칠레가 원산지이다. 코피후에는 칠레의 국화, 칠레소나무는 칠레의 국목이다. 두 지폐를 보면서 칠레의 자연에 대하여 다시 한번 생각해 보게 된다.

멕시코

MEXICO

찬란한 고대문명을 간직하고 있는 멕시코는 1821년 스페인으로부터 독립을 하였다. 멕시코의 통화는 페소로 500페소 앞면에는 디에고 리베라와 칼라릴리(*Zantedeschia aethiopica*)를 안고 있는 모습이 도안되어 있다.

  디에고 리베라(Diego Rivera, 1886~957)는 멕시코의 화가이다. 디에고 리베라는 1910년부터 1920년까지 10년간 유럽에서 지내면서 그의 첫 번째 아내인 안젤리나 벨로프를 만난다. 1921년 멕시코로 돌아온 리베라는 멕시코 혁명 정부가 추진하는 공공 벽화 제작 프로젝트에 참여한다. 그의 유명한 작품은 광산으로 일하러 들어가는 노동자, 설탕을 휘젓고 있는 일꾼들,

아름다운 푸른색으로 그린 테오틸루아칸 여인들이 있다. 이 벽화 작업 중에 프리다 칼로를 만나 1929년 멕시코 코요아칸에서 결혼을 한다. 여성 편력이 심한 리베라의 결혼생활은 1939년 프리다 칼로와 이혼했다가 1년 후 재결합하는 과정을 겪는다. 1930년 칼로와 함께 샌프란시스코에 도착한 리베라가 1933년 헨리 포드의 주문으로 디트로이트 자동차 공장의 노동자를 그린 벽화는 미국의 공업화를 대표하는 작품이 되었다. 이런 일도 있었다. 록펠러 가문에서 뉴욕 록펠러 센터 안을 장식할 벽화를 주문했다. 노동자들이 벌이는 거대한 메이데이 행진 속에 레닌의 초상이 들어가자 이 초상을 제거해 줄 것을 요청했다. 리베라가 거부를 하자 결국 이 벽화는 파괴되었다. 1933년 12월 멕시코로 돌아온 리베라는 좌파 지식인들과 예술가들 사이에서는 찬사를 받았지만, 보수파와 기업주들로부터는 경멸을 샀다. 1940년대에도 여전히 멕시코를 사랑했으며 끊임없이 사람들의 사는 모습을 그려냈고 1957년 멕시코시티에서 죽음을 맞이하니 향년 70세였다.

▲ 칼라릴리(물칼라)

디에고 리베라와 같이 도안된 꽃은 남아프리카가 원산지인 '물칼라'로 불리는 '칼라릴리'이다. 꽃말은 '청초·순결, 장대한 미'이다. '칼라릴리'는 부케와 조의용 관장식에 두루 사용하는 꽃이다. 인생의 새로운 시작인 결혼식과 인생의 마지막인 장례식에 사용된다니 아이러니가 아닐 수 없다. 하지만 새로운 인생의 시작인 결혼식은 홀로 살아가는 삶의 마지막이고, 이승에서의 마지막인 장례식은 다음 세상을 열어주는 시작의 예식이라고 할 수 있다. 시작이 곧 끝이며, 끝은 곧 시작이다. 그렇게 시작과 끝은 결국 하나이므로 같은 꽃이 사용된다는 것은 어쩌면 당연한 일인지도 모른다. 그래서 '칼라릴리'는 삶의 시작과 끝을 의미하는 꽃이자, 시간의 의미가 담긴 꽃이다. 사람들의 사는 모습을 많이 그린 디에고 리베라는 어쩌면 '칼라릴리'가 좋은 소재가 되었을 것이다.

지폐의 뒷면에는 프리다 칼로와 그의 대표작품인 '우주와 대지와 나와 디에고와 세뇨르 홀로틀의 사랑의 포옹'(1949)이 도안되어 있다. 프리다 칼로는 소아마비, 교통사고, 30회 넘는 수술, 세 번의 유산, 남편의 외도, 이혼, 신체 절단, 자살 시도 등 일생을 고통과 함께한 비운의 화가이다. 프리다는 독일인 아버지와 멕시코 원주민 어머니 사이에서 태어났다. 아버지가 지어준 이름 프리다는 독일어로 '평화'를 의미한다. 평화는 금세 금이 갔다. 여섯 살 때 소아마비가 왔다. 18세 때는 버스가 전차와 충돌하는 사고로 척추가 으스러지고 골반은 세 조각이 나는 사고로 생의 많은 시간을 누워서 지내야 했다. 병원 침상에 누워있던 프리다는 "나는 다친 것이 아니라 부서졌다."고 말했다. 프리다는 천장에 거울을 달고 산산조각 난 인간을 그렸다. 의사를 꿈꿨던 프리다는 그렇게 화가의 길로 들어섰다. 가까스로 다시 걷게 된 프리다는 병원 캠퍼스에서 벽화를 그리고 있었던 화가 디에고 리베라를 운명처럼 만난다. 1929년 프리다는 주변의 반대에도 21살 많은 디에고와 결혼한다. 이번에도 평화는 오래가지 않았다. 프리다는 간절히 아이를 바랐지만 세 번이나 유산을 겪었다. 유산을 겪은 프리다가 몸과 마음을 추스르는 동안 디에고는 프리다의 여동생과도 불륜을 저질렀다. 둘은 이혼한다. 그리고 재결합한다. 프리다는 무너지는 마음과 몸을 부여잡고 그림을 그렸다.

프리다의 뮤즈는 프리다였다. 프리다가 남긴 143점의 그림 중 55점은 자화상이다. 자화상을 그린다는 건 자신 안에 있는 무언가를 끄집어내 진실을 드러내는 작업이다. 프리다의 그림은 멕시코, 뉴욕을 거쳐 파리의 화랑에 걸렸다. 피카소·뒤샹·칸딘스키는 프리다를 '초현실주의 화가'로 추켜세웠다. 프리다는 거장들의 칭찬에 "나는 결코 꿈을 그리는 것이

▼ 멕시코 화가, 프리다 칼로

아니다. 나는 나의 현실을 그린다"라며 초현실주의 딱지를 거부했다. 오늘날 프리다는 디에고와 함께 멕시코를 대표하는 화가로 꼽힌다. 프리다는 사후 20여 년이 흐른 후에야 본격적으로 명성을 얻기 시작했다. 프리다를 발굴해 전 세계에 알린 건 페미니스트들이다. 여성 인권운동이 폭발하던 1970년대 프리다는 페미니즘 아이콘으로 등극했다. 이름값은 나날이 높아졌다.

1984년 멕시코 정부는 프리다의 작품을 국보로 지정했다. 명성은 역전됐다. 이젠 프리다를 디에고의 아내로 말하는 사람은 없다. 지금은 디에고가 프리다에게 묻힐 정도다. 많은 사람은 프리다를 이렇게 기억한다. 고통을 그림으로 승화한 예술가, 저주받은 운명을 극복한 인간, 끝까지 아무것도 포기하지 않은 뜨거운 영혼, 절망 속에서 피어난 비운의 예술가이다. 프리다는 폐렴으로 사경을 헤매다 47세에 눈을 감았다. 마지막 일기엔 이렇게 적혀 있다. "이 외출이 행복하기를 그리고 다시 돌아오지 않기를" 생의 끝에서 프리다가 돌아본 이 세상은 다시 돌아오고 싶지 않은 곳이었다.

프리다 칼로 옆으로는 그의 대표작 '우주와 대지와 나와 디에고와 세뇨르 홀로틀의 사랑의 포옹'(1949)이 도안되어 있다. 작품을 풀어보면, 프리다는 아기가 된 디에고를 안고, 대지의 여신은 프리다를 안고, 우주의 신은 대지를 안고 있다. 디에고를 안고 있는 프리다의 포옹에는 사랑과 증오, 그리고 그것을 넘어서고자 하는 그녀의 일생이 응축되어 있다. 프리다를 안아주고 있는 여신은 모국 멕시코의 대지이며, 또한 여신 가이아이다. 그녀는 멕시코의 메마른 땅에 선인장을 비롯한 많은 식물을 키워내면서 가슴에는 하늘과 땅을 잇는 세계수를 쏟게 한다. 선인장(仙人掌)은 다육식물의 일종으로 아메리카가 원산지이다. 지구상에서 가장 척박한 환경인 사막에서 살아가는 식물이다. 프리다의 일생이 선인장을 닮았다. 훗날 프리다는 이렇게 말했다. "내 인생에 두 번의 대형 사고가 있었다. 하나는 전차 사고이고, 다른 하나는 디에고다."

이렇게 한 장의 지폐 속에는 두 거장의 숨은 이야기가 들어있다. 이야기만큼이나 부부가 앞뒷면을 차지하는 지폐도 세상에 없을 것이다. 이렇듯 흥미와 감동을 전해주는 500페소 지폐 속에는 꼭 잊지 말아야 할 '칼라릴리'와 '선인장' 그리고 함께하는 식물들이 있다는 점이다.

페루

PERU

페루는 고대문명 '잉카의 잃어버린 도시' 마추픽추가 있는 나라다. 페루
의 공식 통화는 솔로 '솔'은 스페인어로 '태양'을 뜻하며 1863년부터
통용된 페루의 통화이기도 하다. 인플레이션이 심해지자 1991년 화폐개혁을
시행했으며, 2015년 자국의 통화 명칭을 누에보 솔에서 솔로 변경하는 안건
을 통과시켰으며 이 안건은 2015년을 기해 시행되어 현재에 이르고 있다.

　페루 지폐 200솔 앞면에는 이사벨라 플로레스 이데올리바(Isabel Flores
de Oliva)가 뒷면에는 카랄 유적지가 도안되어 있다. 이사벨라 플로레스 이
데올리바는 1586년 페루의 리마에서 스페인 출신 부모 사이에서 태어났다.

그녀가 장미처럼 아름다웠기에 유모가 로사란 별명을 지어주었다고 한다. 가족의 재정 투자가 실패하여 심각한 경제적 어려움을 겪게 되자 이사벨라는 들판에서 일하고 밤늦도록 바느질을 하며 가족을 위한 생계를 꾸려나갔다. 스무 살이 되던 해 그녀는 평생 결혼하지 않고 수도 생활을 하기로 서원했다. 당시 페루에는 수도원이 없었기 때문에 그녀는 집 뒤뜰에 작은 오두막을 짓고 볏단을 깔아 침대를 만들었다. 그곳에서 로사는 홀로 살아가는 수도 생활을 하면서 매우 평화로운 자세로 병과 영적 시련을 겪었다. 그녀는 가난한 사람과 십자가에 못 박힌 예수 그리스도를 따르는 것을 삶의 목표로 삼았다. 1614년 로사가 홀로 병들어 눕자 마사부부가 그녀를 데려다 죽기 전까지 3년 동안 보살폈다. 로사는 1617년 8월 24일 성 바르톨로메오의 축일에 죽었다. 당시 서른한 살이었던 로사는 오랫동안 영원한 결혼의 날인 죽음의 날을 손꼽아 기다렸다고 한다. 그녀는 교황 클레멘스 10세에 의하여 1671년 4월 12일 아메리카 대륙의 첫 번째 성인으로 시성이 되었고, 페루와 남아메리카, 서인도 제도, 필리핀의 수호성인으로 선포되었다.

이사벨라 플로레스 이데올리바의 머리에 씌워진 상징물은 장미(*Rosa hybrida Hortorum*)다. 장미는 장미과에 속하는 나무로 전 세계적으로 약 200여 종에 이른다. 아름다운 꽃이라면 우선 떠올리는 것이 장미다. 사랑을 고백할 때도 생일 선물에도 장미꽃이라면 항상 여심(女心)은 쉽게 녹아난다. 『삼국사기』 열전 '설총' 조에 보면 이런 내용이 나온다. 홀연히 한 가인(佳人)이 붉은 얼굴과 옥 같은 이에 곱게 화장을 하고, 멋진 옷을 차려입고 간들간들 걸어와 말했다. "첩은 눈같이 흰 모래밭을 밟고, 거울같이 맑은 바다를 마주 보며 유유자적하옵는데, 이름은 장미라고 합니다. 왕의 훌륭하신 덕망을 들고 향기로운 휘장 속에서 모시고자 하는데 저를 받아주시겠습니까?"라고 했다. 키우고 있던 장미꽃을 아름다운 여인의 대표로 나타낸 것이다.

뒷면에는 카랄 유적지와 페루의 국장이 도안되어 있다. 카랄 유적지는 수

페강의 푸른 계곡이 내려다보이는 리마 북쪽에 위치한 도시로 아메리카 대륙의 가장 오래된 문명 유적지로 약 5000년의 역사를 가지고 있다. 카랄은 대규모 피라미드 구조물을 비롯해 복잡하고 기념비적인 건축물이 특징이며 세계 문화유산으로 등재되어있다.

페루의 국장은 1825년 2월 25일에 제정되었다. 국장 가운데에는 세 개의

작은 공간으로 나뉜 방패가 그려져 있다. 방패 왼쪽 상단에는 하늘색 바탕에 비쿠냐가 그려져 있으며 오른쪽 상단에는 하얀색 바탕에 기나나무가 그려져 있다. 기나나무는 신코나나무(Cinchona) 라고도 불린다. 그 이유는 기나나무 껍질에서 말라리

아의 치료제인 퀴닌, 신코닌의 원료가 나오기 때문이다. 방패 아래쪽에는 빨간색 바탕에 뿔과 동전이 놓여 있다. 국장 하단 오른쪽에는 월계수 가지가, 하단 왼쪽에는 올리브 가지가 장식되어 있다. 비쿠냐는 페루를 상징하는 동물이며 기나나무는 페루를 상징하는 나무다. 뿔과 동전은 나라의 천연자원을 의미하며 월계수 가지와 올리브 가지는 승리와 영광을 의미한다.

페루 지폐 200솔 앞면에는 아름다운 장미가 뒷면의 페루 국장에는 올리브 나무와 월계수 그리고 페루를 상징하는 기나나무가 도안되어 있다. 200솔의 지폐를 통해서 페루가 아메리카 첫 성인을 배출한 나라이며 기나나무가 페루의 국목(國木)이라는 것을 알게 된다.

캐나다

CANADA

캐나다의 실질적 정부 수반은 캐나다 총리이지만 국가원수는 캐나다 국왕이다. 현재 캐나다의 국왕은 영국 국왕인 찰스 3세가 맡고 있다. 캐나다 국기에는 단풍잎(The Maple Leaf)이 그려져 있다. 빨강 바탕에 가운데 흰색 정사각형이 있고 여기에 붉은 단풍잎이 그려져 있다. 1964년 국민 공모로 제정되어, 1965년, 영국 여왕 엘리자베스 2세의 승인을 받아 정식으로 채택되었다. 민족 · 사상 · 이념은 모두 달랐지만 캐나다의 아름다운 자연만큼은 서로가 함께 공감하고 긍지를 느낄 수 있는 상징이다. 문화의 차이를 뛰어넘어 이민자들의 마음을 하나로 사로잡은 단풍잎 국기는 현재 캐나다와 캐나다인의 정체성 표시로 여겨지며, 단순한 국기 그 이상의 가치를 갖고 있다. 캐나다의 통화는 달러로 1935년 첫 발행을 하는데 시리즈로 발행을 한다. 1차 시리즈에서는 본가인 영국에서조차 시도하지 못한 영국 왕가 시리즈를 발행한다. 4차는 캐나다가 자랑하는 절경 시리즈(Scenes of Canada Series), 5차는 새 시리즈(Birds of Canada Series), 6차는 여정 시리즈(Canadian Journey Series), 7차 현재의 통화는 프론티어 시리즈(Frontier Series)로 개척이나 혁신을 주제로 하고 있다.

　캐나다 20달러 지폐에는 엘리자베스 2세 국왕과 함께 캐나다의 상징인 단풍잎이 도안되어 있다. 북아메리카가 원산지인 캐나다 단풍나무(*Acer saccharum Marsh.*)는 학명에서와 같이 일반 단풍나무와는 달리 수액을 채취하는 나무라 해서 설탕단풍나무라고 한다. 그 유명한 메이플시럽을 만드는 나무다. 캐나다 국기의 중앙에 자리하고 있는 그림도 캐나다단풍나무 잎이다.

　뒷면에는 프랑스의 노르파드칼레주 아라스의 비미(Vimy)에 있는 비미릿지 추모비와 양귀비가 도안되어 있다. 그럼 비미릿지 추모비와 양귀비는 무슨 관련이 있을까?

제1차 세계대전은 1914년 7월 28일 오스트리아의 세르비아에 대한 선전포고로 시작되어 4년 4개월간 벌어졌던 최초의 세계전쟁이다. 1917년 4월 미국이 독일에 선전포고를 하면서 전세는 역전된다. 약 9백만 명의 전사자를 남기고 마침내 1918년 11월 11일에 독일이 항복함으로써 제1차 세계대전은 막을 내린다. 제1차 세계대전 중 처음으로 연합군이 승리한 전투가 화폐에 도안된 비미릿지 전투이다.

1917년 4월 9일 부활절 다음 날인 월요일 새벽 5시 30분 캐나다군에게 비미릿지를 탈환하라는 공격명령이 떨어졌다. 캐나다군은 너무나 저돌적으로 공격한 나머지 언제 독일군의 최전방 방어선을 넘었는지도 모른 채 제2 방어선을 공격해 들어갔다. 다급해진 독일군은 도망가기에 바빴고 나머지는 캐나다군에 항복했다. 캐나다군은 3,598명이 사망하고 7,104명이 부상당한 반면 독일 제6군은 2만여 명의 사상자에 4천여 명이 포로로 잡혔다. 비미릿지 전투는 캐나다군의 용맹성과 함께 제1차 세계대전이 시작된 이래 최초로 거둔 연합군의 대승리였다.

이렇게 제1차 세계대전이 끝난 11월 11일을 기념하기 위해서 리멤브런스 데이(Remembrance Day)가 생겨난 것이다. 이날은 가슴에 양귀비꽃을 달기 때문에 '포피데이(Poppy day)'라고도 한다. 양귀비꽃을 다는 이유는 제1차 세계대전 중 캐나다 군의관 존 맥크래(John McCrae) 중령이 벨기에의 플랑드르 전투에 참가한다. 이 전투에서 그의 친구

▼ 양귀비꽃

알렉시스 헬머 중위가 전사하자 1915년 5월 3일에 그의 슬픔을 한 편의 시로 쓴다. 이것이 그 유명한 '플랑드르 들판에서(In Flanders Fields)'란 시다. 그해 12월 8일에 펀치 매거진(Punch magazine)이란 잡지에 실림으로써 세상에 알려지게 된다. 이 시가 유명한 현충 시로 회자되자 그 시에 나오는 양귀비꽃을 가슴에 달게 된 것이다. 현재 캐나다에서는 매년 종전 기념일인 11월 11일에 가슴에 양귀비꽃을 달고 11시에 2분간 묵념을 한 후 이 시를 낭독한다. 단풍잎과 양귀비꽃이 도안된 캐나다 20달러 지폐에는 캐나다의 정체성과 자부심이 들어있다.

코스타리카

COSTA RICA

코 스타리카는 1821년 스페인으로부터 독립하였다. 중남미 국가 중 보기 드물게 정치적 안정을 이룬 나라이며 1949년 군대를 폐지하였다. 코스타리카의 통화는 1896년에 페소를 대체하기 위한 차원에서 콜론을 도입했다. '콜론'이라는 이름은 크리스토퍼 콜럼버스의 스페인어 표현인 '크리스토발 콜론(Cristóbal Colón)'에서 유래된 이름이다.

20000콜론 지폐의 뒷면에는 붉은목벌새와 해바라기(*Helianthus annuus L.*)가 도안되어 있다. 해바라기는 중앙아메리카가 원산지이다. 약 2000~3000년 전부터 북미 인디언이 식량 작물로 해바라기를 재배했다. 이후 콜럼버스의 신대륙 발견을 통해 1510년 스페인으로 건너갔고, 1600년대 후반에 러시아 땅에 도착했다. 러시아의 품종개량으로 지름 30cm가 넘는 거대한 해바라기가 탄생했다. 이후 소련 대숙청을 피해 미국으로 탈출한 농부에 의해 고향 코스타리카로 귀환하게 되었다.

1000콜론 지폐의 뒷면에는 코스타리카의 국가 원수였던 브라울리오 카리요 콜리나(Braulio Carillo Colina, 1800~1845)와 구아나카스테나무, 코스타리카피타야, 흰꼬리사슴이 도안되어 있다.

구아나카스테나무와 잎사귀, 꽃, 열매와 씨앗 모습

구아나카스테나무(*Enterolobium cyclocarpum*)는 중앙아메리카가 원산지로 코스타리카의 국목(國木)이다. 잎은 우리나라의 자귀나무와 비슷하고 꽃의 향기는 매우 향기롭다. 열매의 모양이 코끼리 귀와 닮았다고 하여 '코끼리 귀나무'라고도 한다. 잎과 열매는 가축의 원료로 사용된다. 열매는 상처가 나지 않는 한 발아되지 않고 계속하여 생명력을 유지한다고 한다. 매력적인 열매는 보석을 만드는 데 사용하고, 수액은 천연 접착제 또는 껌의 대용으로 사용된다고 한다.

코스타리카피타야(*Selenicereus costaricensis*)는 중앙아메리카가 원산지이다. 코스타리카피타야는 과일을 생산하기 위해 상업적으로 재배를 한다. 꽃 또한 향기롭고 크고 아름답게 피어 정원의 장식용으로 각광을 받고 있다. 과일의 과육은 달콤하고 분홍색을 띠며, 과일의 모양이 용을 닮아 용의 과일이라고 도 한다.

코스타리카피타야 꽃

코스타리카피타야 선인장

코스타리카피타야 과일

콜롬비아

COLOMBIA

콜롬비아라는 이름은 아메리카 대륙의 항로를 처음으로 발견한 크리스토퍼 콜럼버스의 이름을 따서 지은 것이다. 콜롬비아의 통화는 페소(Peso)로, 1837년에 도입하였다.

5000페소 앞면에는 콜롬비아 시인 호세 아순시온 실바(Jose Asuncion Silva 1865~1896)의 초상이 도안되어 있다. 실바는 부유한 집안에서 태어났지만, 집안의 파산과 누이동생 엘비라의 죽음을 겪었으며 그리고 배가 침몰되면서 가장 아끼던 작품의 원고를 잃어버리기까지 한다. 그는 잇따른 재난들과 그 자신의 병적인 감수성으로 인해 고통스러운 삶을 살았다. 그는 짧지만 훌륭한 시를 써서 자신의 불행에서 도피할 수 있었으며, 30세 되던 해에 결국 자살함으로써 현실의 불행을 마감했다. 실바는 실험적인 운율과 낭만적인 회고로 라틴아메리카 시에 우수 어린 서정적 기법을 새로이 도입했다. 매우 개성적인 그의 시는 널리 모방되었고, 라틴아메리카 모더니즘 시에 큰 영향을 끼쳤다. 그의 대표적인 시로는 「야곡(夜曲, el Nocturno)」이 있다.

뒷면에는 프라일레혼(*Espeletia grandiflora*)이 도안되어 있다. 콜롬비아는 고도에 따라 여러 식생 지대로 나누어진다. 1,000m 이하로는 '더운 땅'으로 열대작물이 자란다. 1,000~2,000m는 '온화한 땅'으로 가장 비옥하여 대부분 사람이 사는 지역이다. 2,000~3,200m는 '추운 땅'으로, 밀과 감자 농사를 많이 짓는다. 3,200~3,900m의 선을 넘으면 고산지대로 '숲지대'라 하고, 3,900~4,600m는 '파라모스'라 하여 나무가 없는 초지를 말한다. 이 파라모스에 지폐에 도안된 프라일레혼이 자란다.

프라일레혼(Frailejón)이란 이름은 스페인어로 수도자란 뜻이다. 수도자가 후드로 얼굴을 가리고 다니는 모습을 연상시키는데, 스페인 사람들이 처음

▼ 프라일레혼

이곳에 왔을 때 이 프라일레혼을 멀리서 보고 수도자들이 일자로 걷는 모습처럼 보였다고 해서 붙여진 이름이다. 국화과 해바라기 속으로 여러해살이 관목이다. 프라일레혼은 콜롬비아 황무지의 생태와 생물 다양성에서 중요한 식물이다. 안개에서도 물을 흡수하여 생명력을 보존하는 특성을 가지고 있어 물이 많을 때는 품고 있다가 가물어지면 다시 자연으로 돌려준다고 한다. 세계적으로 제한된 희귀종으로 죽은 잎은 떨어지지 않고 계속 줄기에 붙어 줄기를 보호하며 매년 1cm씩 정도만 자란다.

 콜롬비아를 비롯한 남미는 커피로 유명하다. 하지만 안데스산맥에서 프라일레혼의 군락을 보고 온 사람들은 그 자연의 신비와 경이로움을 잊지 못한다고 한다. 여러분들도 남미를 여행할 일이 있다면 콜롬비아의 5000페소에 도안된 프라일레혼의 군락을 꼭 보고 오시길 바란다.

케이맨 제도

CAYMAN ISLANDS

케이맨 제도는 1670년 마드리드 조약에 따라 영국령이 되었으며 총독이 자치 관리를 하고 있다. 온화한 기후에 카리브해의 아름다운 휴양지로 스쿠버 다이빙으로 유명한 곳이다.

케이맨 제도의 통화는 케이맨 제도 달러(KYD)이다. 10달러 지폐 앞면에는 엘리자베스 2세와 물게가 도안되어 있고, 뒷면에는 야생바나나난초(*Myrmecophila thomsoniana*)가 도안되어 있다.

　야생바나나난초는 케이맨 제도가 원산지로 케이맨 제도에서만 볼 수 있는 특별한 꽃이다. 또한 케이맨 제도를 상징하는 꽃이기도 하다. 케이맨 제도의 야생에서 자라는 난초꽃이 햇빛에 노랗게 변할 때의 모습이 바나나 모양을 닮았다고 하여 야생바나나난초의 이름을 가지게 되었다. 4월과 5월에 3개의 섬에서 모두 개화를 한다. 야생바나나난초는 다른 식물에 붙어서 자생을 하는데 숙주에는 해를 끼치지 않는다. 야생바나나난초는 관광 개발로 인한 서식지 파괴로 수량이 줄어들고 있다.

　케이맨 제도는 인구 6만 명의 소국이지만 세계적인 조세피난처로 이름이 높은 나라이다. 하지만 세계적인 관광휴양지로 각광을 받는 나라로 아름다운 자연경관과 함께 아름다운 야생바나나난초가 자라는 나라이다.

ASIA

아시아 화폐 속의
역사와 식물 이야기

라오인민민주주의공화국

LAO

라오인민민주주의공화국은 일당제 사회주의 국가로 동남아시아에서는 유일한 내륙 국가이다. 킵(Kip)은 1952년부터 통용되고 있는 라오스의 통화이다. 1979년에 실시된 화폐개혁에 따라 옛 100킵은 새 1킵으로 대체되었다.

비엔티안 천도 450주년과 파테트라오 정권수립 35주년 기념 화폐인 십만 킵 앞면에는 파탓루앙(pha that luang)과 셋타티랏 왕(setthathirat) 동상이 도안되어 있다.

뒷면에는 호파깨우(haw phrakaew)와 독참파가 도안되어 있다. 학명은 플루메리아 루부라(*Plumeria rubra L.*)로 영명으로는 프랜지파니(frangipani)이다. 라오스어로 '독'이라 함은 '꽃'이라는 뜻이고 '참파'는 '왕국'이란 뜻이다. 왕국의 꽃이란 뜻으로 라오스의 상징 꽃이다. 대표적인 것이 국영항공사인 라오항공(lao airlines) 비행기의 꼬리 날개에 독참파가 그려져 있다. 붉은색 플루메리아는 베네수엘라, 노란색 플루메리아는 멕시코, 흰색 플루메리아는 서인도 제도가 원산지다. 이 꽃을 나라마다 다르게 부르는데 중국에서는 지단화(계란꽃), 라오스에서는 독참파, 태국에서는 릴라와디, 필리핀에서는 깔라츄치라고 부른다. 국민의 대다수가 불교 신자인 라오스에서는 독참파를 신성시하여 아무 곳에나 심지 않는다고 하며 흰색은 선과 정의, 평화와 우정을 상징하고 노란색은 불교를 상징한다고 한다.

▲ 라오항공

여담이지만 라오스 어디를 가나 독참파를 만나는데 왼쪽에 꽂으면 미혼 오른쪽에 꽂으면 기혼이며 가운데 꽂으면 라오스어로 '띵똥'이라고 한다. 라오스어로 띵똥은 '미쳤다'라는 뜻이다.

십만 킵 지폐에서 만나는 독참파는 라오스 어디를 가나 만나는 꽃이다. 공항에서, 거리 가로수에서, 길거리 의자에서, 가게의 술병에서, 기념품 가게에서 라오스 국민들에게는 생활이며 정신이 깃든 꽃이다. 그러므로 고액권에 도안 되는 것은 당연한 것인지도 모르겠다.

싱가포르

SINGAPORE

싱가포르는 1819년 영국의 동인도 회사가 현 싱가포르 남부에 개발한 항구가 시초이다. 1963년에 말레이시아 연방의 일원으로 영국으로부터 독립하였으며, 1965년에 말레이시아 연방을 탈퇴하며 현재의 독립 국가가 되었다. 싱가포르 달러(Singapore dollar)는 싱가포르와 브루나이에서 사용되는 싱가포르의 법정 화폐이다. 브루나이의 법정 통화인 브루나이 달러와 1:1 등가 교환을 하도록 하는 조약이 체결되어 있다. 싱가포르 화폐는 짧은 역사임에도 매우 계획적으로 도안하여 시리즈로 발행을 하고 있다.

1차는 난 시리즈(Orchid Series)로 1967년부터 1976년까지 9년간 통용된 시리즈다. 전 종류가 싱가포르에 서식하는 자생종으로만 구성되어 있고, 뒷면에는 싱가포르의 모습을 담아냈다. 이 난 시리즈는 전 세계 최고액권의 지폐인 1만 달러가 처음 데뷔한 시리즈이기도 하다. 2차는 새 시리즈(Bird Series)로 1976년부터 1984년까지 8년간 사용된 통화다. '싱가포르는 언제든지 높이 날아오를 준비가 되어있다.'라는 의미를 담고 있다고 한다. 3차는 배 시리즈(Ship Series)로 1984년부터 1999년까지 15년간 사용된 20세기 싱가포르 최후의 화폐다. 해양국가인 싱가포르의 해양산업 및 해양운송업의 발전상을 도안하였다. 4차는 초상 시리즈(Portrait Series)로 싱가포르 초대 대통령인 '유솝 빈 이스학'이 도안된 시리즈이다.

현재 싱가포르 5달러 앞면에는 유솝 빈 이스학의 대통령 초상이 도안되어
있다. 유솝 빈 이스학은 싱가포르의 정치인으로 1965년부터 1970년까지 싱
가포르의 초대 대통령을 지냈다. 싱가포르의 대통령은 형식적인 역할을 맡
는 데에 그쳤기에 그의 대통령 재임기에는 리콴유 총리가 실권을 맡았다.

뒷면에는 '템부스(*Fagraea fragrans*)' 나무와 '반다 미스 조아킴(Vanda Miss Joaquim)'이란 난이 도안 되어 있다. 2011년 트립어드바이저가 선정한 싱가포르의 명소 291곳 중에서 꼭 가봐야 할 명소 1위로 뽑힌 곳이 보타닉가든(Botanic Garden)이다.

▲ 싱가포르 국화 반다미스조아킴

이곳에 가면 5달러 지폐에 도안된 나무가 있다. 싱가포르의 고유종인 템부스나무로 이 나무는 150살 이상이 되었으며, 2002년 8월에 국립유산나무(Nationl Heritage Tree)로 선정이 되었다. 이 나무는 향기가 짙고 예쁜 꽃을 가지고 있어 싱가포르에서 가장 예쁜 나무이다. 그리고 나무 밑으로 붉게 도안된 꽃은 '반다 미스 조아킴'이란 난 꽃이다. 육만 가지 이상의 난초를 전시하여 전 세계 최대의 국립 난초 정원(National Orchid Garden)도 이곳 보타닉 가든에 있다. 이곳에 가면 반다 미스 조아킴이란 난을 볼 수가 있다. 미국 혈통인 싱가포르 여성 애그너스 조아킴은 1899년 화훼전시회를 위해 세계 최초로 재배된 잡종 난을 번식시키는 데 성공한다. 그 난은 그녀의 이름을 따서 '반다 미스 조아킴'이라 명명하고 1981년에 싱가포르 국화로 선정이 되었다.

만약 싱가포르를 여행할 일이 있다면 5달러 지폐를 가지고 보타닉가든을 방문해 보자. 지폐 안에 도안된 템부스 나무를 맞춰보고 식물원에 가서 반다 미스 조아킴이라는 싱가포르 국화를 찾아보자.

말레이시아

MALAYSIA

1957년 영국으로부터 독립하고, 1965년 싱가포르가 분리 독립되면서 현재의 말레이시아가 이어져 오고 있다. 말레이시아 링깃(Malaysian ringgit)은 말레이시아 통화의 공식 명칭이다.

　10링깃 지폐 앞면에는 투앙쿠 압둘 라만(Tuanku Abdul Rahman)국왕과 히비스커스가 도안되어 있다. 투앙쿠 압둘 라만 국왕은 말레이시아의 1대 국왕으로 1954년에 즉위했고 1960년에 고령으로 사망하였다. 중요한 것은 1967년부터 2020년까지 거의 모든 링깃권에 53년째 개근하고 있다는 사실이다. 실권이 없는 왕이었음에도 그만큼 상징성이 큰 모양이다.

히비스커스(*Hibiscus rosea-sinensos*)는 우리나라 꽃인 무궁화와 형제뻘 되는 식물로 동인도와 중국이 원산지이며 '부상화'라고 한다. 아욱과 무궁화속으로 고대 이집트의 여신 히비스(hibis)와 닮았다(isco)의 합성어로 '아름다운 여신을 닮은 꽃'이라는 어원을 갖고 있다. 말레이시아 정부는 1960년에 나라꽃(國花)으로 지정했다. 말레이어로 '위대한 꽃'을 뜻하는 '붕아라야'라고 부르기도 한다. 그중에서도 국화로 선정된 것은 빨간색의 '붕아라야'이다. 히비스커스는 하와이 주의 주화로도 지정이 되어있는데 노란색이다.

뒷면에는 라플레시아(*Rafflesia amoldii*)가 도안되어 있다. 세계에서 제일 큰 단일 꽃으로 1818년 인도네시아 수마트라에서 발견되었으며, 토머스 스탬퍼드 래플스 경(싱가포르의 개척자)의 이름을 따 라플레시아로 이름이 붙여졌다. 1876년 영국에서 열린 박람회에서 라플레시아의 악취로 큰 소동이 일어났지만, 꽃말은 '장대한 미와 순결'이다.

50링깃의 앞면에는 초대 국왕과 히비스커스가 도안되어 있고 뒷면에는 툰쿠 압둘 라만(Tunku Abdul Rahman)과 기름야자가 도안되어 있다. 툰쿠 압둘 라만은 1957년 말레이시아 독립영웅으로 초대 총리에 취임했다.

독립하던 8월 31일 독립광장에서 "독립"을 외치는 장면은 역사적으로 유명한데 독립을 무려 7번이나 외쳤다고 한다. 그 장면이 지폐에 도안되어 있다. 툰쿠 압둘 라만은 말레이시아의 독립의 아버지이자 국부로 추앙받고 있다.

함께 도안된 식물은 기름야자(Elaeis guineensis)이다. 기름야자에서 추출한 기름을 팜유라고 한다. 말레이시아와 인도네시아에서 생산하는 팜유는 전 세계 생산량의 절반이 넘는다고 한다.

말레이시아의 10링깃과 50링깃에서는 말레이시아의 독립영웅들과 말레이시아의 대표적인 식물들을 만날 수 있다.

브루나이

STATE OF BRUNEI

브루나이는 1984년 영국으로부터 독립하였다. 브루나이는 선거 제도가 없고 국왕이 통치하고 있다.

브루나이 달러(dollar)는 브루나이의 통화로 1967년부터 통용되고 있다. 브루나이 국민은 세금을 내지 않으며, 교육비도 내지 않는다. 또 60세부터 연금이 지급되는데 이것도 내는 돈이 전혀 없다. 또한 의료비의 경우 1년에 1달러 정도만 내면 간단한 진료부터 의료관광까지 무상으로 갈 수 있을 정도로 복지가 잘 되어있는 나라이다.

지폐에도 왕국답게 앞면에는 하사날 볼키아(Hassanal Bolkiah) 현재 브루나이 국왕이 도안되어 있다. 1984년 브루나이가 독립하자 정식 국왕이 되었다. 그는 브루나이의 모든 국가 관련 권한과 실권을 가지고 있다. 그리고 브루나이 지폐의 특징적인 것은 국왕과 함께 시리즈로 꽃이 도안되어있 는 점이다.

NEGARA BRUNEI DARUSSALAM $1

WANG KERTAS INI SAH DIPERLAKUKAN DENGAN NILAI
SATU RINGGIT

BUNGA SIMPUR
(DILLENIA SUFFRUTICOSA)

SATU RINGGIT

$1   D/I   SULTAN

1달러 지폐에 도안된 심포에어(*Dillenia Suffruticosa*)는 흥미로운 꽃이다. 한 나무 한 가지에 극명하게 다른 색 꽃이 두 가지가 있다. 하나는 노랑 꽃, 또 하나는 빨강 꽃. 녹색의 잎과 노랑 꽃 그리고 빨강 꽃 3색의 대비가 흥미롭다. 그런데 사실 빨강 꽃은 꽃이 아니다. 노랑꽃이 지고 난 자리에 자란 씨방이다. 심포에어는 꽃에서 씨방으로 변하는 과정이 신비로운 꽃이다. 동남아시아 열대 지역이 원산지로 일 년 내내 꽃이 핀다. 심포에어는 말레이어로 물을 의미하는 'Ayer'와 여자의 생식기를 의미하는 속어 'Simpoh'의 합성어라고 한다. 심포에어는 브루나이의 공식 지정 나라 꽃이기도 하

▲ 심포에어

다. 여자 생식기를 의미하는 꽃이 나라를 상징하는 꽃이라고 하니 의아하기도 하다. 하지만 심포에어는 세상에서 제일 예쁘다고 하는 꽃이다.

5달러에는 강황(*Curcuma longa*)꽃이 도안되어 있다. 카레 등에 넣는 향신료로서 잘 알려져 있으며 겨자 같은 향이 나지만 매운맛도 있고 다양한 음식과 잘 어울려 요리 양념으로 널리 사용된다. 우리는 강황과 울금을 구별하기가 어렵다.

10달러에는 울람라자(ulam raja) 꽃이 도안되어 있다. 라틴아메리카 및 서인도 제도가 원산지인 일종의 코스모스꽃(*Cosmos caudatus Kunth*)이다. 브루나이 울람라자는 식용이 가능한 꽃으로 '왕의 샐러드'라고 한다.

20달러에는 타팍 쿠다 라투(tapak kuda laut) 라는 꽃이 도안되어 있다. 브루나이 해변에서 자라는 일종의 보라색 나팔꽃(*Pharbitis nil*)이다.

50달러에는 테퍼스 칸탄(tepus kantan) 이라는 생강 꽃이 도안되어 있다. 꽃의 모양이 횃불모양을 닮았다 하여 횃불생강(*Etlingera elatior*)이라고도 한다. 남아시아가 원산지로 요리에 사용하거나 샐러드용으로 사용한다.

100달러에는 분가 쿠닥쿠닥(Bunga Kuduk-kuduk)이라는 진달래꽃이 도안되어 있다. 멜라스토마라고 하는 산석류(*Melastoma malabathricum*)과 꽃이다. 열매는 착색제로 사용된다고 한다.

10000달러에는 시계꽃(*Passiflora caerulea*)이 도안되어 있다. 시계꽃은 브라질 원산의 상록성 덩굴식물로 많은 나라에서 관상식물로 재배한다.

브루나이를 여행할 때 브루나이 지폐 속에 도안된 시리즈의 꽃을 찾아보자. 브루나이 여행의 재미가 더해질 것이다.

● 일본

JAPAN

일본의 화폐는 우리나라의 화폐에 많은 영향을 끼친 것이 사실이다. 우리나라 5만 원권이 발행되기 이전에는 액면까지 같았다. 사인으로 하는 다른 나라와 다르게 인장을 찍는 점도 같다. 다른 화폐에도 식물들이 있으나 대부분 일본의 상징인 국화나 벚꽃 도안이기에 이곳에서는 5000엔을 소개한다.

2004년에 발행된 5000엔의 앞면에는 히구치 이치요(1872~1896)가 도안되어 있다. 일본 근대 소설의 개척자로서 직업 소설가이다. 2004년 일본중앙은행이 새 지폐 발행계획을 발표하자 일본인들의 큰 관심을 불러일으켰다.

제2차 세계대전 이후 처음으로 5000엔권에 여성 소설가 히구치 이치요의 인물초상이 들어갔기 때문이다. 일본 여성계는 60여 년 만에 여성 작가의 인물초상이 지폐에 들어가자 크게 환영하며 '히구치 붐'이 일기도 했다.

히구치는 일본 지폐에 두 번째로 등장한 여성이다. 지폐에 등장한 첫 여성은 진구왕후로 기록돼 있다. 히구치는 모진 생활고에 시달리면서도 주옥같은 작품을 남기고 짧디짧은 24년간의 삶을 마감한 여성 작가이다.

히구치는 1872년 하급관리의 딸로 태어났다. 하지만 1889년 아버지가 사망한 데 이어 오빠마저 폐결핵으로 죽자 그에 앞에 놓인 것은 가난뿐이었다. 히구치가 숨지기 전까지 생계를 책임져야 했던 어머니와 여동생은 삶의 동반자이기도 했지만, 또 다른 측면에서는 벗어놓을 수 없는 '짐'이기도 했다. 19세 때 소설을 배우기 시작하여 등단했으나 가난함에서 벗어날 수는 없었다. 1896년 24세의 젊은 나이에 본인도 폐결핵으로 숨을 거두었다.

히구치는 숨지기 전 14개월 동안 생의 마지막 혼을 다 쏟아 붓기로 작정한 듯 수많은 작품을 발표했다. 유곽을 배경으로 어린아이들의 성장과 사랑을 그린 『키재기』 창부들의 삶을 사실적으로 그린 『흐린 강』 여성 심리를 섬세하게 묘사한 『매미』, 『십삼야』, 『나 때문에』 등 동시대 어느 작가에게서도 찾아볼 수 없

히구치 이치요
1872년 5월 2일, 일본 – 1896년 11월 23일

는 인간 본성에 대한 통찰이 드러나는 작품들을 잇달아 내놓았다. 일본 문단에서는 히구치가 열정적으로 작품을 쏟아냈던 이 시기를 '기적의 14개월'

로 부른다.

히구치는 죽을 때까지 도쿄를 단 한 번도 떠난 적이 없는 것으로도 유명하다. 히구치는 주로 옛 도쿄의 서민들이 모여 살던 상공업 지역인 시타마치에 거주하는 여성들의 삶을 씨줄로, 산업화의 물결 속에 사라져가는 전통사회의 모습을 날줄로 삼아 27편의 소설을 쏟아냈다. 이 같은 문학에 대한 열정으로 '빼어난 문재(文才)를 지닌 최초의 여성 작가' '메이지 문단의 천재' '옛 일본의 마지막 여인'이라는 수식어가 늘 그의 이름 앞에 따라붙었다. 불꽃같은 삶을 살다간 일본 근대문학의 큰 별이었다.

뒷면에는 오가타 고린의 제비붓꽃 병풍이 도안되어 있다. 오가타 고린(1658~1716)은 일본의 국민화가로 추앙받는 장식화가이다. 고린의 할아버지는 포목점을 운영했고 아버지는 뛰어난 서예가였다. 히구치 이치요와는 달리 30세에 아버지한테 물려받은 막대한 유산으로 경제적 어려움 없이 유복한 생활을 누렸다. 자유분방한 삶으로 많은 재산을 쾌락과 유흥에 탕진하며 40세가 될 때까지 독신으로 살다가 1679년에야 결혼했다. 아버지한테서 물려받은 재산을 모두 날리고 나서 생계를 위해 화가의 길로 나서게 되

었다. 뛰어난 장식화가 두 분의 스승으로부터 사사를 받은 후 장식 화가로
서의 이름을 갖게 된다. 결혼 후 20년 동안 그의 중요한 작품은 모두 이 시
기에 제작된다. 1697~1703년은 그의 예술이 형성되기 시작한 교토 시대이
며, 1704~1710년은 그가 에도에서 살았던 시절이고, 1711~1716년은 그의
예술이 절정에 이른다. 고린의 걸작들로는 추초도 · 제비붓꽃병풍 · 파도도
병풍 · 풍신뇌신도병풍 · 홍백매도병풍 등이 있다. 그의 장식주의는 여기서
그치지 않고 반 고흐와 구스타프 클림트의 예술세계에까지 영향을 미쳤다.
'세계에서 비싼 그림' 10위 안에 드는 고흐의 '붓꽃'은 오가타 고린의 대
표작 중 하나인 '연자화도병풍'에서 모티프를 얻은 것으로 알려져 있다.

▼ 오가타고린의 제비붓꽃 병풍

붓꽃(*Iris nertschinskia
Lodd.*)은 꽃봉오리가 먹을
머금은 붓과 같다고 해서
붙여진 이름으로 아이리스
(Iris)라고도 부른다. '아
이리스'는 무지개란 뜻이
다. 붓꽃의 꽃말도 비 내린 뒤에 뜨는 무지개처럼 '기쁜 소식'이다. 붓꽃은 여
름을 재촉하는 봄비가 촉촉이 내릴 때, 그리고 이른 아침 이슬을 머금고 함
초롬이 피어날 때, 그 아름다움은 말로 다 할 수 없다. 지폐의 앞면에는 작가
를 뒷면에는 화가를 배치하여 마치 지폐 한 장을 통해 근대 일본의 예술세계
로 인도하는 것 같다.

중국

CHINA

중국 국기는 오성홍기라고도 하는데 큰 별은 중국 공산당을 뜻하며 네 개의 작은 별은 노동자·농민·소자산 계급과 민족 자산 계급을 나타낸다. 빨간색은 공산주의와 혁명, 노란색은 광명을 뜻한다. 네 개의 작은 별은 큰 별을 중심으로 한곳으로 모여 있는데, 이는 중국 공산당의 영도에 따른 혁명 인민의 대단결을 상징한다.

중국의 통화는 런민비(Rénmínbi)로 기본 단위는 위안이다. 중국의 화폐는 1949년 1판을 시작으로 1999년까지 5판이 발행되었다. 현재의 지폐의 앞면에는 중화인민공화국의 초대 주석 모택동과 중국인들이 좋아하는 꽃으로 도안되어 있다. 뒷면에는 인민대회당·포탈라궁·계림·장강삼협·태산·항주·서호 등 주로 중국이 자랑하는 절경들이 도안되어 있다.

중국 화폐 중 1위안 지폐 앞면에는 모택동과 모란(*Paeonia suffruticosa*)이 도안되어 있다. 모란은 목단이라고도 하는데 선덕여왕의 일화에 등장하는 식물이기도 하다. 선덕여왕이 공주 시절 '당나라에서 온 모란 그림에 나비가 없는 것을 보니 향기가 없을 것이다.'라고 했는데 모란 씨를 심었더니 실제로 향기가 없는 꽃이었다는 일화가 삼국유사에 실려 있다. 그러나 실제 모란은 향기가 있다. 모란은 중국 사람들에게 사랑받는 꽃으로 국화(國花) 후보로 자주 오르는 꽃이다. 모란 하면 김영랑의 모란이 피기까지의 시가 떠오른다. '북도에 소월, 남도에 영랑'이란 말이 나올 정도로 영랑은 김소월 이후 우리말을 아름답게 구사하는 시인이었다.

모란이 피기까지는 / 김영랑

모란이 피기까지는

나는 아직 나의 봄을 기둘리고 있을 테요

모란이 뚝뚝 떨어져 버린 날

나는 비로서 봄을 여읜 설움에 잠길 테요.

오월 어느 날, 그 하루 무덥던 날

떨어져 누운 꽃잎마저 시들어 버리고는

천지에 모란은 자취도 없어지고

뻗쳐 오르던 내 보람 서운케 무너졌느니

모란이 지고 말면 그뿐, 내 한 해는 다 가고 말아

삼백예순 날 하냥 섭섭해 우옵네다

모란이 피기까지는

나는 아직 기둘리고 있을테요, 찬란한 슬픔의 봄을

뒷면에는 항주 서호의 삼담인월(三潭印月)이 도안되어 있다. 삼담인월은 호수에 3개의 석등이 있는데 석등에 불을 밝히면 석등에, 호수에, 하늘에 달이 뜬다고 하여 붙여진 이름이다. 서호는 소동파가 항주에 부임하여 만든 인공 호수로 중국의 10대 명승지에 들어간다고 한다.

5위안 지폐 앞면의 꽃은 수선화(水仙花)(*Narcissus tazetta var. chinensis*)다.

수선(水仙)이란 중국명이며 하늘에 있는 신선을 천선(天仙), 땅에 있는 신선을 지선(地仙), 물에 있는 신선을 수선(水仙)이라 하여 이 꽃을 수선화에 비유하였다. 이슬람의 무함마드 가르침에 수선화가 등장하는 것이 유명하다. "두 조각의 빵이 있는 자는 그 한 조각을 수선화와 맞바꿔라. 빵은 몸에 필요하나, 수선화는 마음에 필요하다."라고 가르쳤다고 한다. 추사 김정희는 수선화가 매화보다 뛰어나다고 추켜세웠다.

수선화(水仙花) / 김정희

겨울 동안 송이송이 동그랗게 피어나더니
그윽하고 담담한 기품이 냉철하고도 빼어나구나
매화는 고상 하지만 뜰을 벗어나지 못하는데
맑은 물에 해탈한 신선을 보게 되는구나

수선화 노래는 김동명(1900~1968)의 시 수선화에 1941년 만주 신경교향악단의 바이올리니스트로 활동하던 김동진(1913~2009)이 곡을 붙였다. 김동명은 강원도 강릉시 출생의 시인으로 수선화는 1936년에 발간된 그의 시집 『파초』에 수록되어 있다. 다음과 같다.

수선화 / 김동명

그대는 차디찬 의지의 날개로
끝없는 고독의 위를 나는

애달픈 마음

또한 그리고 그리다가 죽는

죽었다가 다시 살아 또다시 죽는

가여운 넋은, 가여운 넋은 아닐까

붙일 곳 없는 정열을

가슴에 깊이 감추이고

찬 바람에 쓸쓸히 웃는, 적막한 얼굴이여

그대는 신의 창작집 속에서

가장 아름답게 빛나는

불멸의 소곡

또한 나의 작은 애인이니

아아, 내 사랑 수선화야!

나도 그대를 따라 저 눈길을 걸으리

화폐 뒷면에는 태산과 함께 오악독존이 도안되어 있다. 오악이란 중국 천

하 낙양을 기준으로 4개의 방향에 위치한 명산을 말한다. 산동성에 있는 태산을 동악, 섬서성에 있는 화산을 서악, 호남성에 있는 형산을 남악, 산서성 항산을 북악, 중앙에 위치한 숭산을 중악이라고 칭했다. 오악독존이란 오악 중에 태산이 으뜸이라는 뜻이다. 태산은 중국인들에게는 성산(聖山)으로 추앙받고 있는 산으로 일출이 태산 뒤로 장관을 이루고 있다.

10위안 앞면에 도안된 꽃은 월계이다. 매년 베이징에 월계화가 피면 사람들이 장미로 착각을 한다. 중국에서는 장미속을 월계(月季), 장미(薔薇), 매괴(玫瑰)로 구분한다.

월계(月季)는 중국이 원산지이며 중국인들이 좋아하는 꽃으로, 향기가 없거나 약하지만 수시로 꽃이 피며 꽃이 크다. 매괴(玫瑰)는 일 년에 한 번 꽃이 피며 향기가 좋은 꽃으로 우리나라의 해당화에 해당한다. 장미(薔薇)는 일 년에 한 번 꽃이 피는 덩굴장미를 말하는데 우리나라의 찔레꽃이 여기에 해당한다.

월계(月季)는 수시로 꽃이 피는 관계로 사계화(四季花)라고 했는데 이런 특성 때문에 뭇 시인들의 소재가 되었다. 유명한 화무십일홍이란 월계를 두고 한 말로 송나라 때 대신 양만리(1127~1206)의 납전월계(臘前月季)에서 유래했다. 납(臘)이란 동지섣달 하는 섣달로 겨울을 뜻한다.

납전월계(臘前月季) / 양만리

화무십일홍이라고 말들 하지만
이 꽃에 봄바람이 일지 않는 날이 없네
뾰쪽한 꽃망울 이미 연지 붓 같고
네 갈래 꽃받침은 비취색 솜털이로다
복사나 자두꽃을 뛰어넘는 꽃향기
매화와 다름없이 눈 서리를 이겨내느라
새해를 맞이하는 기쁨도 접어두고
오른 새벽이 섣달인지도 잊었구나

납전월계의 화무십일홍이 유명세를 타다보니 인용이 된다. 원나라 때 양문규 아녀단원의 희곡 설자에서 다음과 같이 인용된다.

꽃은 십 일 동안 붉은 것이 없고
사람의 일은 백일 동안 마냥 좋을 수만은 없다
미리 이점을 염두에 두지 않으면
지나간 후에 한바탕 공허함만 남을 것이다

화무십일홍은 우리나라로 넘어와 화무십일홍 · 권불십년 등 다양한 대구로 어우러진다. 영원한 것은 없다는 뜻으로 부귀영화나 권력의 덧없음을 나타내는 말이며 중국보다 오히려 우리나라에서 더 널리 인용되고 있는 실정이다.

월계(月季) / 소식

꽃이 피고 짐이 쉼이 없고
봄이 오던 가던 상관하지 않네
가장 귀하다는 모란은 오직 늦봄에만
작약은 제법 번성하지만 다만 초여름에만
오직 이것만이 꽃핌을 게을리하지 않아
일 년 사계절 상시 봄철이구나

소식은 일명 소동파(蘇東坡)라고 부르며, 송나라 때 저명한 문인 가문에서 태어났다. 아버지 소순과 아우 소철도 유명한 문인이다. 이 세 부자를 삼소(三蘇)라고 불렀으며, 모두 당송팔대가로 손꼽혔다.

사계화(四季花) / 이규보

봄꽃과 함께 피려더니 바람 따라 지고
가을 국화와 짝하더니 또다시 헛꿈이어라
온갖 꽃을 둘러봐도 짝할 이 하나 없어
의연히 혼자서 눈 속에서 붉었어라

이규보는 고려시대 문인으로 호는 백운거사(白雲居士)라 했다. 위 시에서 고려시대에 이미 월계가 있었고, 눈이 오는 겨울에도 월계꽃이 피었음을 알 수가 있다. 월계는 유럽으로 넘어가면서 세계인의 사랑을 받는 꽃이 되었다. 이로 인해 중국에서는 외교관 꽃이라고도 불린다.

10위안 뒷면에는 중국 중경의 명승지 기문이 도안되어 있다. 기문은 장강 삼협의 첫 번째 협곡인 구당협의 관문에 있는 것을 말한다. 장강삼협은 중 경시와 호북성 경내의 장강 주류에 있는 세 개의 협곡을 말한다.

20위안 앞면에 있는 꽃은 연꽃(*Nelumbo nucifera*)이다.

　뒷면에는 계림이 도안되어 있다. 계림을 표현하는 말로는 '계림산수갑천하'가 있다. 즉 강과 더불어 계수나무 숲으로 이루어진 계림이 하늘 아래 제일이라는 뜻이다. 평생을 살아가면서 꼭 한번은 가봐야 할 중국의 명소다. 강에 떠 있는 한 척의 배와 그 앞으로 펼쳐지는 자연 풍경이 신선의 세계를 연상케 한다. 과연 강가로 펼쳐지는 숲속의 나무들은 과연 무슨 나무들일까 궁금하다. 지폐 속의 그림으로 봐선 계수나무는 아닌 것 같고 형태적으로는 야자수 모양이다. 계림을 여행할 일이 생기면 지폐 속의 나무가 무슨 나무들인지 확인해 보고 싶다.

50위안 앞면에 도안된 꽃은 국화(*Chrysanthemum morifolium*)다.

뒷면에는 유네스코 세계문화유산인 티베트의 포탈라궁이 도안되어 있다. 포탈라궁은 중국 티베트 자치구의 라싸에 위치한 건축물이다. 1959년 14대 달라이 라마가 인도로 망명할 때까지 달라이 라마의 주요 거주지였다. 현재는 박물관이자 유네스코 세계유산이다. 포탈라궁이라는 이름은 부처가 산다는 것으로 여겨진 티베트의 포탈라카 산의 이름에서 따온 것이다.

100위안 지폐 앞면에 핀 꽃은 매화(*Prunus mume*)다.

　뒷면에는 인민대회당이 도안되어 있다. 인민대회당은 베이징 천안문 광장 서쪽에 위치한 건축물로, 국회에 해당하는 전국인민대표대회가 개최되는 장소이다. 인민대회당은 단순히 국회의사당 용도뿐만 아니라 국가적인 예식이나 정상회담·기념식·추모식 등 행사들에 자주 쓰인다. 또한 거대한 크기 때문에 베이징을 방문하는 관광객들에게 인기 있는 명소이기도 하다.

뉴질랜드

NEW ZEALAND

뉴질랜드는 영국 왕을 모시는 상태에서 영연방 입헌 군주제 체제를 유지하고 있다. 국가 원수인 총독이 그 권한을 위임받고 있다. 1986년 영국 의회가 뉴질랜드와 관련된 법률을 제정하는 권한을 완전히 폐지하면서 완전한 독립 국가가 되었다. 뉴질랜드 통화는 달러(dollar)로 1967년 파운드를 대체하면서 도입되었다. 뉴질랜드는 자연의 나라이다. 그러다 보니 지폐에서도 그 특징이 잘 나타나 있다. 앞면은 뉴질랜드를 대표하는 인물로 도안이 되어있고 뒷면은 펭귄을 비롯한 새와 식물 시리즈로 도안되어 있다.

10달러 지폐 앞면에는 케이트 셰퍼드(Kate Sheppard)가 도안되어 있다. 케이트 셰퍼드(Kate Sheppard)는 영국 출신의 뉴질랜드 여성참정권 운동가이다. 케이트 셰퍼드는 뉴질랜드로 이주한 뒤 뉴질랜드 사회에 만연한 불평등 문제에 관심을 기울인다. 인종·계급·성별에 대한 차별 철폐를 주장하면서 의회에 여성참정권 탄원서를 제출한다. 그의 탄원서는 1888년과 91년·92년·93년 잇달아 의회에 제출되었다. 두 번째 탄원서부터 서명자 명부를 첨부했다. 그리고 1893년 3만 2천 명(당시 성인 여성 인구의 약 절반 규모였다.)의 여성이 참여한 이 청원서는 의회에서 20대 18로 법안이 통과되었다. 뉴질랜드 여성으로부터 서명을 받아 의회에 제출한 여성참정권 탄원서는 현재 유네스코 세계기록유산으로도 등재되어있다. 그리고 마침내 9월 18일 총리가 서명하면서 뉴질랜드 여성들은 인류사적인 승리를 거두게 된 것이다. 그러나 케이트 셰퍼드는 기쁨에 젖기보다는 냉정한 코멘트로 이 승리에 화답한다. "이 법안을 통과시켰다고 해서 신사분들에게 고마워할 필요는 전혀 없다. 여성도 세금을 부과 받고 징역을 살아야 할 사람이라는 걸 인정받은 것뿐이다." 하지만 여성들에게 선거권은 보장됐으나 피선거권은 그로부터 30년 가까이 인정되지 않았다. 뉴질랜드에서 여성의 피선거권이 주어진 것은 1919년에 이르러서였으며, 그나마 여성 국회의원이 탄생한 것은 1933년이 되어서였다. 투표권 확보 후 40년이 지난 후였다.

케이트 셰퍼드와 함께 도안된 꽃은 흰동백(*Camellia japonica f.*)이다. 이 꽃을 여성 참정권 법안을 지지하는 국회의원들에게 나누어 주었다고 한다. 그리하여 뉴질랜드에서는 이 꽃이 여성들의 투표권을 향한 투쟁의 상징이 되었다. 흰동백은 관상수로 널리 심고, 기름이 많아서 각종 화장품과 공업용으로 쓰인다. 목재는 가구재·조각재·세공재로 사용한다.

　뒷면에는 푸른 오리와 은나무고사리(*Cyatbea dealbata*)가 도안되어 있다. 뉴질랜드 전역에 서식하는 고사리의 한 종류로 실버펀(silver Fern)이라고도 한다. 위쪽은 짙은 녹색을 띠고 있지만 아래로 내려오면서 점점 은색이 되는 잎사귀 색깔 때문에 붙여진 이름이다. 럭비대표팀, 농구팀과 하키, 크리켓 대표 팀 등 모든 스포츠 국가대표팀에서 이 실버펀을 공식 마크로 사용하고 있다. 뉴질랜드 항공도 은나무고사리 로고를 사용하고 있다. 실버펀은 2

▼ 은나무고사리 로고를 사용하고 있는 뉴질랜드 항공

차 보어전쟁에서 뉴질랜드 군인들이 사용하였고 1, 2차 세계대전에서는 사망한 뉴질랜드 참전군인들의 묘비에도 새겨졌다. 이후 해외 파병된 평화유지군 활동에서 영국 · 호주 · 캐나다 군인들과 식별하는 표식으로 사용되었다. 이렇듯 은나무고사리는 모든 지폐에 상표처럼 도안되어있듯이 뉴질랜드의 상징적인 식물이 되었다.

피지

REPUBLIC OF FIJI

피지는 332개의 섬으로 이루어진 나라다. 남태평양 도서 국가들의 허브와 같은 교통의 요지로 1970년 영국으로부터 독립하였다. 피지의 통화는 1969년에 제정한 달러(FJD)다.

피지 50달러 지폐의 뒷면에는 피지의 카바 의식(얀고나 의식)이 도안되어 있고 앞면에는 탕이모디아(*Medinilla waterhousei*)가 도안되어 있다. 탕이모디아는 피지의 고유종이며 피지의 국화로 1820년에 모리셔스 총재(José de Medinilla y Pineda)의 이름을 따서 명명되었다. 피지에서 세 번째로 큰 섬인 타베우니(Taveuni) 섬에서만 볼 수 있는 꽃이다. 12월에 피며 흔하게 볼 수 없는 귀한 꽃이다. 탕이모디아 꽃에 얽힌 전설은 다음과 같다. 평범한 남자와 사랑에 빠진 한 부족의 공주가 있었는데, 아버지의 반대로 늙고 못생긴 추장에게 강제로 시집을 가게 되자 숲속으로 도망친다. 수색대에 의해 발견된 그녀는 강가의 푸른 포도밭에서 눈물을 흘리며 잠을 자고 있었다. 그녀의 눈물이 뺨을 타고 흘러 꽃이 되었다. 수색대는 그 꽃을 '탕이모디아'라고 이름 지었다. '절망의 눈물'이라는 뜻이다.

5달러 지폐에는 갈기이구아나와 발라카 야자나무 그리고 마시라투(Degeneria vitiensis)꽃이 도안되어 있다. 마시라투도 피지의 고유 식물로 1942년 처음 발견한 디제너(Otto Degener)의 이름을 따서 명명되었다.

아름다운 섬나라 피지에는 다른 나라에서는 볼 수 없는 꽃이 지폐에 도안되어 있다. 만약 피지를 여행하면서 피지의 국화인 '탕이모디아'와 피지의 고유종인 '마시라투'를 만난다면 그야말로 행운일 것이다.

사모아

INDEPENDENT STATE OF SAMOA

사 모아는 1918년까지는 영국과 독일 제국이 각각 지배하였으나, 독일 제국이 제1차 세계대전에서 패전한 이후로는 뉴질랜드가 지배했다. 1962년 뉴질랜드로부터 독립하였다. 1997년에는 공식적인 국호를 서사모아 (Western Samoa)에서 사모아(Samoa)로 바꾸었다. 그러나 동쪽에 접하는 미국령 사모아와의 구별을 위하여 여전히 서사모아라고 불리고 있다. 사모아의 통화는 탈라(tālā)다.

사모아의 20탈라 지폐 뒷면에는 사모아 국조(國鳥)인 이빨부리비둘기와

붉은꽃생강(*Alpinia purpurata*)이 도안되어 있다. 붉은꽃생강은 말레이시아가 원산지로 사모아에서는 '테우일라(Teuila)'라 부른다. '테우일라(Teuila)' 축제는 사모아에서 가장 성대하고 화려한 축제다. 그 이유는 진분홍색이 화려한 테우일라는 사모아를 상징하는 대표 꽃이기 때문이다.

날짜변경선 때문에 세상에서 가장 해가 빨리 뜨는 나라로 기념일을 두 번 치를 수 있는 나라다. 붉은꽃생강을 우리나라에서는 '홍화월도'라 부르고

▲ 테우일라 축제

사모아에서는 '테우일라'라고 부른다. 사모아 지폐를 통해서 붉은 꽃생강이 사모아의 국화라는 것을 알게 됐다.

MIDDLE EAST, AFRICA

중동, 아프리카 화폐 속의 역사와 식물 이야기

레바논

LEBANON

레바논은 다종교국가로 1944년 시리아와 프랑스 위임 통치령에서 독립을 하였다. 레바논 통화는 파운드(livres)이다. 프랑스어로는 '리브르(Livre)'에 해당한다. 영어식 단위는 레바논 파운드라고도 부르지만, 레바논 현지에서는 영어보다 프랑스어를 더 익숙하게 사용하므로, 리브르라고 부른다.

레바논의 최고액권인 십만 리브르 앞면에는 레바논삼나무가 도안되어 있다. 레바논삼나무는 레바논의 국목으로 모든 지폐에 도안이 되어있다.

레바논삼나무를 레바논시다(*Cedrus libani*)라고도 한다. 레바논삼나무는 인류가 종이를 발명하기 훨씬 전부터 바빌로니아의 흙판 · 양피지 · 파피루스·바위 등에 가장 많이 언급된 나무이다.

인류 문명의 가장 오래된 이야기 중의 하나로 중동지방에서 점토판에 쓰여 전해 내려오는 '길가메시'에도 레바논삼나무 이야기가 등장한다. 그는 자신의 왕국 내 도시 건설을 위해 많은 나무가 필요하다는 사실을 깨닫고 삼나무들로 가득한 산을 향해 원정을 떠난다. 삼나무 숲에 도착한 모험심이 많은 길가메시는 그의 노예 '엔키두'와 함께 삼나무 숲을 지키는 '훔바바'라는 괴물 파수꾼을 죽이고 삼나무를 베어 토막을 내어 가져왔다는 영웅적인 이야기다.

성경에도 레바논삼나무의 이야기는 수없이 언급되어 있다. 우리나라 성경에는 레바논삼나무를 백향목으로 번역해 사용하고 있다. 이 중에서 삼나무의 아름다움을 가장 잘 설명하고 있는 것은 구약 에스겔서에서 표현한 것이다.

"그러나 너는 아시리아를 한번 생각해 보라, 아시리아는 한때 가지가 멋지게 우거져 그늘을 만들고 키는 하늘 높이 솟아올라 그 꼭대기가 구름에 닿았던 레바논삼나무와 같았느니라. 물이 그 나무를 기르고 깊은 샘이 그것을 자라게 하였으며 그것이 심겨진 주변에는 강물이 흐르고 그 물줄기가 숲의 모든 나무에 미쳤다. 물이 많으므로 그 나무는 다른 나무보다 키가 크고 가지가 무성하여 길게 뻗었으니, 공중의 모든 새가 그 가지에 깃들이고 모든 들짐승이 그 가지 아래서 새끼를 낳으며 모든 강대국 들이 삼나무 그늘에서 살았다." (에스겔 31:3-6)

레바논삼나무는 소나무과에 속하는 나무로, 레바논지역에서 자생하는 나무 중 최고의 품격을 지닌 나무다. 이집트와 메소포타미아의 왕과 귀족들이 자신의 궁전 건축이나 선박 건조를 위해 선호했던 나무다. 유독 레바논삼나무를 선호했던 이유는 이 나무가 지니는 외형상의 기품과 실용적 유용성 때문이었다. 마치 우리나라 정이품송처럼 아름답게 뻗을 뿐만 아니라 전체적으로 매우 높은 기품을 가졌다.

▲ 레바논 삼나무

레바논삼나무는 이처럼 아름다운 수형으로 천 년 이상 오래 살면서 레바논 사람들의 특별한 사랑과 존경을 받았다. 레바논삼나무는 견고함·아름다움·영원함·위대함을 상징한다. 이 나무로 세상을 탐험하는 배들이 건조되었으며, 알파벳을 서구사회에 전파하는 데도 기여하였다. 레바논삼나무는 실용적 측면에서도 매우 탁월한 목재였다. 잘 썩지 않고, 병충해에 강하며, 매우 견고하여 고급 가구재로 선호되었다. 솔로몬 왕은 예루살렘에 성전을 건축할 때 레바논삼나무를 특별히 주문하였다. 성전 건축용 목재를 벌채하고 수송하는 작업을 돕기 위해 솔로몬 왕은 매달 만 명의 인부를 3번에 걸쳐 레바논으로 파견했다고 하니 얼마나 많은 목재가 쓰였는지 상상할 수 있다.

5천 년 전 길가메시가 괴물 파수꾼 훔바바를 죽이고 레바논삼나무를 벌채한 것은 이후 발생할 자연과 인간 간의 싸움을 알리는 신호탄이었다. 이 싸움에서 이겨 삼나무 숲을 장악한 길가메시는 산을 온통 벌거숭이로 만들고 당장의 승리에 도취하지만, 이후 신의 저주를 감당하지 못하고 불행한 죽음을 맞이한다. 산림파괴 후 일어난 가뭄과 기근, 기후변화라는 환경적 재앙을 예상하지 못했던 것이다. 길가메시의 레바논 삼나무숲 파괴는 비록 5천 년 전에 일어난 사건이지만 산림파괴에 따른 환경적 재앙과 문명의 붕괴를 예고하는 교훈적 이야기이다.

    지폐의 뒷면에는 포도송이와 또 다른 식물이 도안되어 있다. 레바논에서 포도는 아주 중요한 것이다. '포도는 곧 와인이다.'라는 등식이 통하기 때문이다. 중동은 와인의 오랜 역사를 가진 곳이다. 중동의 와인 역사는 고대 페니키아로 거슬러 올라간다. 페니키아인은 프랑스·스페인 등 유럽에 와인과 포도 묘목을 전파했다. 당시 유럽이 들여온 와인이 바로 레바논산이다. 레바논에는 레바논와인의 교과서라고 불리는 '샤또 무사르'가 있다. 레바논에서 포도가 얼마나 중요한지 지폐에 도안된 것만 보아도 알 수 있다.

    십만 리브르 지폐에 레바논삼나무가 앞뒷면에 모두 도안되어 있는 것만 보아도 레바논인들이 레바논삼나무를 얼마나 좋아하고 중요하게 여기는지 알 것 같다.

사우디아라비아

KINGDOM OF SAUDI ARABIA

1932년에 사우디아라비아 왕국을 선포하였다. 사우디아라비아는 국왕이 통치하는 전제군주국이다. 세계 최대의 산유국이며 이슬람의 성지 메카와 메디아가 있다. 사우디아라비아의 통화는 리알이다.

10리알 지폐의 앞면에는 압둘라 빈 압둘아지즈 알사우드(1924~2015) 제6대 사우디아라비아의 국왕이 도안되어 있다. 초대 사우디아라비아 국왕 이븐 사우드의 37명의 아들 중 한 명으로 태어났고, 파흐드 빈 압둘아지즈 알사우드 국왕의 이복동생이다.

뒷면에는 압둘아지즈 왕 역사 센터와 대추야자(*Phoenix dactylifera*) 2그루 그리고 사우디아라비아의 국장이 도안되어 있다. 대추야자는 종려과에 속하는 상록 교목이다. 북아프리카 일대가 원산지로 최소 5천만 년 전부터 자생해온 것으로 추정된다. 열매는 다산의 상징으로 여겨져 왔으며 훌륭한 탄수화물 공급원이었기 때문에 생명의 나무라는 별칭을 가지고 있다. 대추야자는 이슬람교에서 매우 중요하게 여기는 나무이다. 예언자 무함마드가 헤지라 이후 메카인들에게 추격을 받을 때 하루에 대추야자 다섯 알만으로 연명하며 어려움을 이겨냈기 때문이다. 그래서 1950년에 제정된 사우디아라비아의 국장에 도안되어 있다. 엇갈린 채로 놓여 있는 두 개의 칼 위에 초록색 야자나무가 올려진 형태의 국장이다. 야자나무는 활력과 성장, 인내를 의미하며 두 개의 칼은 1926년에 있었던 이븐 사우드의 헤자즈와 네지드 두 지역의 통일을 상징한다.

대추야자는 신이 무슬림에게 내린 특별한 선물이기에 사우디아라비아에서는 나라를 상징하는 나무로 국장에 그려져 있다. 또한 대부분의 지폐에도 대추야자가 그려진 국장이 도안되어 있다. 한마디로 대추야자는 사우디아라비아뿐만 아니라 이슬람 전체에서 축복받은 나무다. 대추야자를 재미있게 나무로 소개를 하였는데 대추야자를 비롯한 야자수(椰子樹)들은 엄밀히 이야기하면 목본이 아니라 초본식물이다.

▲ 대추야자

예멘

REPUBLIC OF YEMEN

예멘은 유구한 역사를 지녔으며, 천일야화의 주요 배경지 중 하나인 나라이다. 아시아와 아프리카, 유럽의 길목에 있어 예로부터 문화적으로 풍부했고, 중동 국가 가운데서 아랍인의 독특한 기질과 문화적 전통을 잘 이어가고 있는 나라다. 근대에 들어서는 정치적인 혼란이 많은 나라이다. 예멘 통화는 리알이다. 예멘의 화폐를 보면 유구한 역사를 가지고 있음에도 정치적 혼란 때문인지 건축물을 빼고는 인물초상이 없는 것이 특징이다. 그렇지만 화폐 자체만을 보고 있으면 평화롭기 그지없다.

지폐 100리알의 앞면에는 용혈수라는 드라세나(*Dracaena draco*)가 도안되어 있다. 예멘령의 소코트라섬에서 자라는 드라세나(*Dracaena*) 속의 식물

이며, 메마른 산간에서도 수백 년간 더운 기후를 견뎌내면서 자란다. 큰 수종의 경우는 높이가 약 25m 이상, 줄기의 지름이 약 5m나 된다. 나무의 수액이 마치 피를 연상케 하는 붉은색이여서 이를 용혈(龍血)이라고 칭한다. 이 수액은 소독 및 지혈 등의 치료 효과가 있어 의약품으로 가공되어 소비되거나 화장품의 재료나 도자기의 유약 재료로 쓰인다. 바이올린에 붉그스름한 색을 입히는 바니쉬를 칠할 때도 사용된다. 이 섬의 주민들은 수백 년간 이 섬에 거주하면서 용혈수를 이용하고 있기 때문에 해마다 적당한 시기에 수액을 채취한다. 굉장히 긴 수명을 가진 식물로 유명한데 수령이 6000년 이상으로 추정되는 개체도 발견되었다고 한다.

아시아와 아프리카, 유럽의 길목에 있어 예로부터 문화적으로 풍부했던 예멘, 우리에게도 익숙한 아덴만 작전의 아덴만을 접하고 있는 예멘, 현재는 정치적으로는 어려운 가운데 있다. 하지만 용혈수가 도안된 지폐를 보고 있으면 너무나 신비스러워 여행을 떠나고 싶은 나라다.

▼ 드라세나(용혈수)

모로코

KINGDOM OF MOROCCO

모로코는 1956년 프랑스로부터 독립하였다. 모로코의 통화는 1882년에 도입한 디르함이다.

모로코의 50디르함 지폐 뒷면에는 모로코가 자랑하는 우주드폭포와 아르간나무(*Argania spinosa*)가 도안되어 있다.

아르간나무의 열매에서 아르간오일을 얻는다. 모로코의 아르가느레 생물권보전지역에서만 자생하는 고유 수종으로 수명도 길어 백 년 이상을 자란다. 아르간나무를 '염소나무'라고도 한다. 그 이유는 염소들이 먹이를 얻기 위해 아르간나무에 오르기 때문이다. 염소들이 나무에 오르는 이유는 생존을 위해서다. 이 지역은 연평균 강우량이 300㎜밖에 되지 않는 건조한 곳이어서 풀이 많지 않기 때문이다. 따라서 이 지역에 자라는 아르간나무의 잎과 열매를 먹는다. 아르간 나무는 높이가 8~10m에 이르지만 이들 염소는 타고난 균형감각과 뛰어난 체력으로 나무에 올라갈 수 있다고 한다. 나무 위에 올라가 열매를 따 먹은 뒤 배설한 씨앗은 아르간오일의 원료가 된다.

배설한 씨앗을 모아 볶아서 기름을 짜내서 얻는 것이 전통적인 아르간 오일을 얻는 방법이다. 그렇지만 양이 소량이라 귀족 여인네들이 주로 사용한다. '신의 오일'이라 하여 식용과 화장용으로 사용한다.

아르간나무는 지난 100년간 약 3분의 1이 사라지면서 '멸종 위기에 처한 세계 자연유산' 리스트에 올랐다. 주민들이 아르간 열매를 더 많이 얻기 위해 많은 염소를 사들였기 때문이다. 높은 인기 때문에 아르간 오일도, 나무 위의 염소도 못 보게 될 날이 멀지 않을지도 모른다.

▲ 아르간나무(염소나무)

마다가스카르

REPUBLIC OF MADAGASCAR

마다가스카르는 1960년 프랑스로부터 독립하였다. 마다가스카르 통화는 1961년에 도입된 아리아리(ariary)다. 마다가스카르는 그린란드 · 뉴기니 · 보르네오 다음으로 세계에서 4번째로 큰 섬으로 수만 년 동안 아프리카 본토에서 떨어져 있었다. 풍부한 삼림은 자연주의자들의 꿈과 같은 곳이 되었다. 특수성이 유지되었고 지구상의 다른 어떤 곳에서도 볼수 없는 토착 동 · 식물들이 잘 보존되어있다. 한마디로 자연환경이 잘 보존된 나라이다. 그러므로 마다가스카르 화폐에서도 그 특징이 잘 나타나 있다.

100아리아리 지폐의 앞면에는 칭기국립공원과 라베날라(*Ravenala madagascariensis*)가 도안되어 있다. 칭기(Tsingy)란 현지어로 '까치발'이란 뜻을 가지고 있다. 칭기국립공원은 지구상에서 가장 독특한 석림(石林)의 비경을 자랑하는 곳이다. 라베날라의 전체 수형은 부채를 펼쳐 놓은 것 같아 '부채 파초'라고도 하며, 잎이 일정 방향으로 나와 여행자들이 이것을 보고 방향을 알 수 있다고 하여 '나그네나무(旅人木)'라고도 한다. 잎에 구멍을 뚫으면 맑은 물이 나온다. 그래서 열대우림을 지나가던 나그네들의 목마름을 채워준다고 하여 '여인초(旅人蕉)'라고도 한다. 뒷면에는 안트시라나나만(antsiranana bay)과 원뿔 산이 도안되어 있다.

1000아리아리 지폐의 뒷면에는 선인장과 사이잘(*Agave sisalana*)이 도안되어 있다. 마다가스카르에는 아주 특별한 선인장이 2종류가 있다. 립살리스(*Rhipsalis gaertn*)와 디디에레아(*Didierea madagascariensis Baill*)이다.

립살리스

디디에레아

　선인장과 함께 도안된 식물은 사이잘(Agave sisalan)이다. 아스파라거스 과에 속하는 식물로, 잎은 섬유의 재료가 된다. 사이잘은 중앙아메리카가 원산지로 아즈텍과 마야 문명에서 섬유 직물을 만드는 데 사용되었다. 사 이잘 섬유는 내구성이 강하고 신축성이 있으며 해수에 잘 견뎌 카펫 직조용 원사를 만드는 데 사용된다. 중급 섬유는 해양 · 선적 · 농업 및 산업 로프 를 만드는 한편, 그 외에 다양한 제품을 생산하는데 활용된다. 사이잘 섬 유는 친환경 소재로 엄청난 미래 잠재력을 가지고 있는 식물이다.

지폐 2000아리아리의 앞면에는 바오밥나무(*Adansonia grandidieri*)가 도안되어 있다. 어릴 적 한 번쯤 읽어봤을 생텍쥐페리의 소설 『어린왕자』에서 바오밥나무는 작은 별을 산산조각 낼 수 있는 무시무시한 나무로 등장한다. 실제로도 바오밥나무는 매우 크고 뿌리 역시 깊게 내리는 나무다. 압도적인 크기와 독특한 생김새로 인해 여러 전설과 신화에 등장하면서, 아프리카에서는 숭배의 대상으로 여겨지기도 한다. 그동안 알려진 전 세계의 바오밥나무는 총 8종이었다. 마다가스카르섬에 6종이, 아프리카 대륙과 호주 북부에 각각 1종이 자생하고 있다. 그런데 지난 2012년 아프리카 동남부 고산지대에서 키리마바오밥(A. Kilima)으로 명명된 새로운 1종이 발견되면서, 바오밥나무는 총 9종으로 늘어났다.

　이 외에 지폐에도 많은 식물이 도안되어 있다. 마다가스카르로 여행 갈 일이 있다면 지폐에 도안된 식물들을 찾아 떠나는 식물여행도 좋을 것 같다.

레소토

레│소토는 남아프리카 공화국 영토에 둘러싸여 있는 나라로, 국토가 해
발 1,000m 이상인 유일한 국가이다. 가장 낮은 곳이 1,400m일 정도
로 해발고도가 높으며 전 국토의 80%가 해발 1,800m 이상이다.

레소토의 통화는 로티(loti, maloti)다. 현재의 레소토 지폐 앞면에는 3명
의 레소토 왕가의 인물이 공통으로 도안되어 있다. 왼쪽부터 초대 국왕 모
슈슈 2세, 현 국왕 레치에 3세, 레소토의 아버지라 불리는 모슈슈 1세가 도
안되어 있다.

10로티의 뒷면에는 코스모스(*Cosmos bipinnatus Cav*)가 도안되어 있다. 코
스모스는 국화과로 멕시코가 원산지다. 코스모스(Cosmos)라는 명칭은 그

Maloti a Leshome

리스어의 코스모스(Kosmos)에서 8개의 꽃잎이 질서 있게 자리 잡고 있는 모습에서 유래되었다고 한다. 신이 처음으로 만든 꽃이라 세상에는 여러 가지 코스모스꽃이 생겨났다고 한다. 코스모스의 꽃말은 '소녀의 순정·순결·진심·애정'으로 우리나라 말로는 '살사리꽃'이라 부른다.

코스모스는 우리에게도 정겨운 꽃이다. '코스모스 한들한들 피어 있는 길, 향기로운 가을 길을 걸어갑니다.'란 노래의 가사처럼 한국의 시골길에 가을이 오면 온통 코스모스길이었다. 머나먼 레소토의 지폐에서 추억의 코스모스를 만나니 여간 반가운 것이 아니다.

Maloti a Lekholo

100로티 앞면에는 3명의 레소토 왕가의 인물과 알로에 폴리필라(*Aloe polyphila*)가 붉은색으로 도안되어 있다. 뒷면에는 앙골라 염소를 몰고 있는 목동과 앞면과 마찬가지로 알로에 폴리필라가 붉은색으로 도안되어 있다.

알로에 폴리필라(스파이럴 알로에)　　　　　알로에 폴리필라(스파이럴 알로에)

알로에 폴리필라는 생김새로 인하여 스파이럴 알로에(Spiral Aloe)라고 하며 아프리카 레소토가 원산지이다. 레소토의 국화이기도 하다. 주로 2,000m에서 2,500m 사이의 고지대 초원에서 자란다. 수십 개의 겹치는 잎이 시계 방향 또는 반 시계 방향의 나선형으로 커진다. 알로에 폴리필라는 거의 완벽에 가까운 나선형 모양 때문에 관상용으로 대단히 인기가 높으나 자생지에서의 무분별한 채취로 인해 현재는 국제적인 보호종으로 보호받고 있다.

말라위

REPUBLIC OF MALAWI

'**아**프리카의 따뜻한 심장'이란 별명을 가지고 있는 말라위는 농업에 의존하는 나라다. 중요한 농작물은 담배·옥수수·목화·땅콩·사탕수수·커피다. 1891년 영국의 식민지였다가 1964년에 영국으로부터 독립하였다. 세계에서 10번째, 아프리카에서 3번째로 큰 호수인 말라위호수가 있어 '호수의 나라'라고도 한다. 말라위 통화는 1971년에 제정된 콰차(kwacha)이다.

1000콰차 앞면에는 헤이스팅스 카무즈 반다가 도안되어 있다. 말라위의 독립을 이끌었으며 초대 대통령이며 종신 대통령이 되었다. 그는 1997년 남아프리카에서 사망했다. 말라위의 지배자로서 그의 업적은 국가와 아프리카의 영웅 또는 정치적인 폭군으로 평가되어 논쟁의 대상으로 남아있다.

뒷면에는 음주주의 옥수수 저장 탱크와 옥수수가 도안되어 있다. 옥수수(Zea mays)는 벼과에 속하는 한해살이 식물로 남아메리카가 원산지이다. 옥수수는 멕시코 남부에서 약 만 년 전부터 경작된 오랜 역사를 가진 식물이다. 벼·밀과 함께 세계 3대 화곡류(禾穀類) 식량 작물에 속하는 것으로 말라위에서는 중요한 식량자원이다.

말라위는 평균 수명이 낮고 유아 사망률은 높고 에이즈가 만연하여 노동력도 부족한 나라이다. 아프리카에서도 가장 가난한 나라 중의 하나이다. 그러므로 문화적 상징성보다는 현실에 꼭 필요한 옥수수가 도안 되는 것은 어쩌면 당연한 것인지도 모르겠다.

부룬디

REPUBLIC OF BURUNDI

부 룬디는 1962년 벨기에로로부터 독립하였다.

　부룬디의 2000프랑 앞면에는 파인애플(*Ananas comosus*)이 도안되어 있다. 파인애플(pineapple)은 남아메리카가 원산지인 여러해살이풀이다. 파인애플의 어원은 열매의 모습이 솔방울을 닮았다고 해서 1690년대 이전에 영어로 솔방울을 지칭하던 파인애플(pineapple)에서 유래되었다. 즉 'Pine'은 소나무 'Apple'은 과일로 소나무의 열매인 솔방울을 파인애플(pineapple)이라고 했다. 현재 '솔방울'은 파인애플과 혼동을 막기 위해 'Pine cone'

▲ 부룬디의 전통춤(왕실 북 의식 춤)

으로 명칭을 바뀌었다. 1493년 콜럼버스에 의해 유럽에 처음 소개되었다. 유럽에서 재배를 시도 했지만 유럽의 기후와 맞지 않아 실패하였다. 당연히 대서양을 건너 배로 수송하는 수밖에 없었으므로 엄청난 고가품이었다. 지금 돈으로 파인애플 하나에 500~900만 원 정도 하였다니 상상이 가지 않는다. 때문에 당시에는 파인애플은 부의 상징이었으며, 전신 초상화를 그릴 때 파인애플을 들고 있는 모습을 그리는 것이 유행하기도 하였다고 한다. 부룬디는 정치적으로 매우 불안한 나라이다. 두 부족 간의 전쟁이 끊이지 않는 나라이다. 비행기 요격사건으로 대통령이 사망하고, 장관이 저격당하고, 20만에 달하는 후투족들이 학살당하였다. 10만 명이 넘는 난민이 발생하는 등 투치족과 후투족이 서로 죽이고 죽이는 내전으로 전 세계적으로 지탄받는 나라이다. 인종 청소와 대량 학살이라는 오랜 내전의 여파로 경제는 파탄이 났다. '아프리카의 심장'이라는 부룬디는 아프리카에서 가장 가난한 나라 중의 하나가 되었다. 그렇지만 부룬디의 지폐들을 보면 농업을 중시하고 자연을 사랑하는 평화로운 모습이다. 그 중심에 커피나무와 야자수 그리고 파인애플 등이 있다.

시에라리온

REPUBLIC OF SIERRA LEONE

시에라리온은 대서양 무역의 중심으로 1808년 시에라리온의 수도인 프리타운이 영국의 식민지가 되고, 1896년에는 시에라리온 자체가 영국의 보호국이 된다. 1961년에 영연방국으로 독립을 하고, 1971년 공화국을 선포하여 오늘에 이른다. 시에라리온의 통화는 리온으로 1964년에 만들어졌다.

10000리온의 지폐 앞면에는 시에라리온의 국기와 올리브 가지를 물고 가는 비둘기가 도안되어 있다. 시에라리온은 1930년에 다이아몬드가 발견된 이래로 내전이 끊이지 않은 나라이다. 1991~2002년 내전 당시 반군들이 무기 구입 자금을 마련하기 위해 어린 청소년들의 노동력을 착취해 다이아몬드를 생산하는 과정을 그린 영화 '블러드 다이아몬드'는 너무나 유명한 영화다. 얼마나 처참했으면 영화로 만들어졌을까? 지폐 앞면의 올리브 가지를 물고 가는 비둘기 도안은 다시는 그러한 불행한 일이 없길 바라며 평화를 상징하는 뜻이 담겨 있는 것 같다.

지폐의 뒷면에는 케이폭나무(*Ceiba pentandra*)가 도안되어 있다. 케이폭 나무는 아메리카 열대 지방이 원산지로 동남아시아와 아프리카 등지에 퍼져있다. 열매는 호두와 같은 딱딱한 껍질로 되어있고 쪼개어 열어보면 솜과 같은 섬유와 작은 씨앗이 옥수수처럼 뭉쳐있다.

케이폭 나무가 어떤 나무인지 알 수 있는 일례를 캄보디아 앙코르 유적지 중의 하나인 따프롬사원에 가면 볼 수 있다. 따프롬사원은 허물어져 있는 것을 복구하지 않는다. 그 이유인즉 자연(나무)이 어떻게 사원을 무너지게 했는지 그 과정을 그대로 보여주기 위하여 복원하지 않는다고 한다. 이 나무들이 죽어 넘어진다면 사원이 어떻게 될 것인지에 대하여 상상해 볼 수 있는 곳이다. 나무의 생명력 앞에 무력해지는 인간을 느낄 수 있는 곳이다.

▲ 케이폭 나무(솜나무)

케이폭 나무 열매에서는 솜을 추출하는데 대표적인 친환경 제품이다. 케이폭 솜은 오리털과 거위 털의 대체가 가능한 친환경 제품으로 각광을 받고 있다. 또한 케이폭 솜으로 원사를 만들어 침구 · 직물셔츠 · 니트셔츠 · 내의류 등에도 쓰일 수 있어 수요가 늘어날 것이라고 한다.

시에라리온은 서아프리카에서 가장 오래된 대학과 세계에서 세 번째로 큰 천연 항구 엘리자베스 2세 부두가 있어 '서아프리카의 아테네'라고 불린다. 케이폭 나무가 도안된 지폐를 보면서 시에라리온으로 여행하고픈 마음이 든다.

알제리

PEOPLE'S DEMOCRATIC REPUBLIC OF ALGERIA

알제리라는 이름은 수도인 알제리에서 따온 것이다. 1830년 프랑스의 침입으로 식민지가 되었다. 1954년부터 민족해방전선(FLN)을 중심으로 8년간 프랑스와 전쟁을 벌인 끝에 1962년 독립을 이루었다. 알제리는 수단이 남수단과 수단으로 분리 독립되면서 아프리카 대륙에서 가장 넓은 나라가 되었다. 동시에 세계에서 10번째로 큰 나라다. 석유를 비롯한 천연자원이 풍부한 나라이다. 알제리의 통화는 디나르(dinar)로 1964년에 도입되었다.

200디나르 지폐 앞면에는 선생님으로부터 코란을 배우고 있는 학생들과 필기도구들이 꽂혀있는 항아리 그림이 도안되어 있다. 뒷면에는 코란문장과 대모스크를 감싸고 올리브 가지와 무화과 가지가 도안되어 있다.

아랍인들에게 올리브(*Olea europaea L.*)는 아주 각별하다. 이슬람 경전인 코란에서도 올리브는 여러 번 등장한다. 코란에서 올리브는 무화과와 함께 '천국에서 먹는 열매'로 묘사된다. 또 코란 구절 가운데 '올리브유는 불을 붙이지 않아도 밝게 빛난다.'는 말이 있다. 올리브가 성스럽다는 얘기다. 올리브는 비둘기와 함께 평화를 상징한다. 아랍인들은 평화를 묘사할 때면 으레 입에 올리브 가지를 문 비둘기를 나타낸다. 실제로 시에라리온의 10000리온 지폐 앞면에는 올리브 가지를 물고 가는 비둘기가 도안되어 있다. 올리브는 아랍인의 생활에서 떼려야 뗄 수 없는 필수품이다. 우리가 김치 없이 살지 못하듯 올리브를 뺀 아랍인의 식탁은 상상할 수 없다. 식초와 소금에 절인 올리브 피클로, 말린 열매로, 올리브 기름으로, 각종 요리의 감초로 올리브는 항상 식탁에 오른다.

아랍의 과일 중 가장 오래된 과일은 척박한 땅에서도 무성히 자라는 무화과(*Ficus carica L.*)이다. 무화과는 5000년 전부터 재배되기 시작한 것으로 알려져 있다. 이슬람교 경전인 코란(95장 1-4절)에도 무화과는 천국의 열매로 나온다. "무화과와 시나이산과 성스러운 도시 메카를 놓고 맹세하노니 인간은 가장 위대한 형태로 창조되었으나 비천한 것 중의 비천한 것으로 떨어졌노라." 무화과는 천국에서 자라는 가장 좋은 과일이고 시나이산은 무함마드(마호메트)가 신의 계시를 받은 장소이기 때문에 맹세의 대상이 됐을 정도다.

이슬람과 기독교에서 말하는 하나님은 같다. 올리브와 무화과도 이슬람과 기독교에서는 성스러운 열매와 나무로 기록되어 있다. 그래서 알제리 200디나르 지폐에 도안된 올리브 가지와 무화과 가지는 종교란 무엇인가를 다시 한 번 생각하게 된다.

에리트레아

STATE OF ERITREA

에리트레아는 본래 에티오피아의 영토였으나, 에티오피아를 침공한 이탈리아가 점령하면서 1890년 공식으로 이탈리아의 식민지가 되었다. 제2차 세계대전 후 1962년 에티오피아에 재병합되었다. 1993년 에티오피아에서 다시 독립하였다. 에리트레아가 독립하면서 에티오피아는 바다가 없는 내륙국이 되었다. 에리트레아 통화는 낙파(Nakfa)로 낙파라는 도시에서 유래된 이름이다. 1997년 에티오피아 비르를 대체하기 위하여 만들어졌고 에티오피아 비르와 같은 비율로 만들어졌다. 에리트레아 지폐는 독특한 특징이 있다.

모든 권 종의 앞뒷면에는 낙타가 공통적으로 도안되어 있고 앞면에는 특정 인물이 아닌 일반 국민이 3명씩 도안되어 있다. 아마 이렇게 평범한 인물들이 모든 지폐에 도안된 나라는 전 세계에서 에리트레아가 유일한 나라일 것이다.

5낙파 지폐 뒷면에는 시카모어(*Acer pseudoplatanus*)가 도안되어 있다. 시카모어는 흔히 플라타너스라고 하며 버즘나무다. 플라타너스는 북아메리카가 원산지인 양버즘과 유럽이 원산지인 버즘나무가 있다. 이 둘을 교배하여 나온 계량종이 단풍버즘이다. 일본사람들은 이 나무를 '모미지바 스즈가께'라고 부르고, 중국 사람들은 '영국오동나무'라고 부르고, 영국사람들은 '런던플레인(London Plane)'이라고 부른다. 5낙파 지폐에 도안된 시카모어는 에리트레아 데캄하레에 있는 자이언트 시카모어로 파수스 바스타라고 부른다. 인터넷상에는 아프리카의 벚꽃으로 불리는 자카란다로 잘못 알려져 있다.

세계 여러 나라에서는 에리트레아를 전체주의적인 1당 독재국가라고 분

▼ 에리트레아 시카모어(플라타너스)

류하고 있다. 인권 및 소득수준도
낮아 최빈국의 나라다. 하지만 지
폐에 도안된 그림들을 보면 그 어떤
나라보다 행복하고 평화스럽기 그
지없다. 만약에 에리트레아를 여행
할 일이 있다면 5낙파 지폐에 도안
된 '시카모어'를 꼭 만나고 싶은 곳이다.

에티오피아

ETHIOPIA

에티오피아는 이스라엘의 솔로몬 왕과 지혜로운 스바 여왕 사이에서 낳은 아들 메넬리크 1세가 에티오피아를 건국했다고 하는 나라다. 악숨 왕국과 솔로몬 왕조는 1931년에 입헌 군주제 국가가 된 뒤에도 이어져 오다가 1974년 쿠데타로 군주제 폐지와 함께 역사 속으로 사라졌다. 에티오피아의 통화는 비르(birr)다. 에티오피아의 지폐에도 독특한 특징이 있다. 인물은 역사적인 인물이 아닌 평범한 사람들로 도안되어 있다. 그리고 에티오피아의 자연·문화·생활 모습들이 도안되어있는 것이 특징이다.

5비르 지폐의 앞면에는 커피를 따는 모습과 뒷면에는 영양의 일종인 쿠두와 고양잇과인 카라칼(caracal)과 함께 커피나무(*Coffea arabica*)가 도안되어 있다.

꼭두서니과인 커피는 2000년 넘게 커피를 마셔온 에티오피아인들에게는 자부심이요 삶 그 자체이다. 커피의 기원 이야기인 '칼디 설'도 에티오피아이다. 신비한 열매, 커피는 카라반의 행렬을 따라 아랍 세계에 전달되고 십자군 전쟁 과정에서 유럽까지 알려지게 된다. 매력적인 음료인 커피는 오래지 않아 차를 즐기는 유럽인들의 입맛을 사로잡았다. 커피는 한때 로마 가톨릭교회가 '악마의 음료'라고 하여 금지의 탄원까지 했지만, 교황청은 오히려 향기로운 맛과 향에 감탄하여 커피에 세례를 내렸다. 커피는 현대에 와서 전 세계인이 사랑하는 음료가 됐다. 1500년 전 에티오피아 목동이 발견한 작은 커피콩이 세계를 정복한 것이다. 에티오피아의 지폐에 커피나무가 도안 되는 것은 말할 것도 없이 당연한 것이다.

우간다

REPUBLIC OF UGANDA

우간다는 1962년 영국으로부터 독립하였다. 아프리카의 진주라고 불리는 우간다는 빅토리아 호수의 풍부한 수자원과 자연의 신비를 느끼게 하는 아름다운 루웬조리 산(Mt. Ruwenzori)이 있다. 야생동물이 뛰어다니는 대평원 등은 개발이 되지 않아 오히려 빛을 발하고 있다. 유네스코에서 세계유산으로 지정할 정도로 아름다운 나라이며, 영화 몬도가네와 타잔의 촬영지로도 유명하다. 우간다의 통화는 실링(UGX)이다. 우간다 지폐의 특징은 인물 도안이 없고 기념비와 우간다 지도 그리고 자연환경이 도안되어 있다.

10000실링의 지폐 뒷면에는 우간다 지도와 함께 바나나(*Musa paradisiaca L.*)가 도안되어 있다. 파초과인 바나나는 동남아시아의 열대우림이 원산지이다. 현재 전 세계 열대 또는 아열대 지방에서 자라는 국제적인 과일이다.

▲ 마토케

우간다에서 바나나는 중요한 위치에 있다. 우간다의 대표 음식이 마토케(Matoke)이다. 이 마토케는 우간다에서는 주식으로 먹을 정도로 없어서는 안 될 음식이다. 그 마토케의 주재료가 바나나이다. 우간다의 지폐에 왜 바나나가 도안 되었는지 알 것 같다.

잠비아

REPUBLIC OF ZAMBIA

잠비아는 세계적인 구리 생산국으로 1964년에 영국으로부터 독립하였다. 잠비아 통화는 콰차(kwacha)이다. 콰차는 '새벽'을 뜻하는 말이다. 잠비아의 현행 지폐는 아주 독특한 특징이 있다. 앞면에는 잠비아 국조(國鳥)인 '아프리카물수리'가 뒷면에는 잠비아 독립투쟁을 상징하는 쇠사슬을 끊는 모습의 '자유 동상'이 공통으로 도안되어 있다. 그리고 나무시리즈와 동물시리즈가 각각 도안되어 있다. 2콰차에는 티크, 5콰차에는 모파인, 10콰차에는 자카란다, 20콰차에는 무콰나무, 50콰차에는 아프리카 자두나무, 100콰차에는 바오밥나무가 지폐 앞면에 시리즈로 도안되어 있다.

2콰차에 도안된 티크(Tectona grandis)는 마편초과로 동남아시아와 남아시아가 원산지이다. 티크는 매우 중요한 목재이다. 대단히 견고하고 습기에도 강하다. 수축과 팽창이 적어 뒤틀림이나 갈라짐이 적으며 가공하기도 쉽다. 벌레에 대해 저항력이 강하고 쇠붙이에 대한 부식이 없어 특히 선박재로 많이 쓰이고 차량 · 건축 · 가구 · 조각 재료로도 중요하다.

5콰차에 도안된 모파인(Colophospermum mopane)나무는 테레빈유 향이 나고 독특한 나비 모양의 잎을 가진 콩과식물로 아프리카가 원산지이다. 잎과 씨앗에 단백질 함량이 높아 동물들이 좋아하는 나무다. 흰개미의 저항성이 강하고 목재의 아름다운 붉은색으로 인하여 바닥재로 인기가 높다. 그 밖에도 목재가 무거워 침목으로 사용되며 목관 악기 재료로도 많이 쓴다.

▲ 모파인 나뭇잎

뒷면에는 카사바(*Manihot esculenta*)가 도안되어 있다. 남아메리카가 원산지인 카사바는 길쭉한 고구마처럼 생긴 덩이뿌리 식물이다. 아프리카에서는 중요한 식량 공급원으로, 남미 원주민들이 먹던 것이 아프리카를 거쳐 동남아로 전파되었다. 이 덩이뿌리에는 칼슘과 비타민C가 풍부하게 들어있고, 20~25%의 녹말이 들어있다. 감자를 재배할 수 없는 열대에서는 최고의 식량 작물이다. 단점은 껍질에 독성이 있다는 것이다. 카사바 뿌리에서 추출한 녹말을 '타피오카'라고 한다. 한국의 소주 업체들은 예전에는 주로 고구마 전분을 발효시켜 에탄올을 만들고 증류했지만 현재는 대부분 타피오카를 원료로 주정을 만든다. 즉, 희석식 소주의 원료라고 할 수 있다.

10콰차에는 자카란다(*Jacaranda mimosifolia*)가 도안되어 있다. 콩과 식물인 자카란다는 중남미가 원산 지로, 꽃이 아름다워 호주 및 전 세 계에 퍼져있는 꽃이다. 아프리카의

▲ 자카란다(아프리카 벚꽃)

벚꽃으로 불리기도 하는데 꽃 모양은 우리나라의 오동 꽃과 매우 닮았다. 자카란다의 꽃은 특히 아름답기로 유명한데 벚꽃이 초봄을 분홍빛으로 물 들인다면, 자카란다는 늦봄을 보랏빛으로 수놓는다. 케냐의 국화이기도 한 자카란다의 꽃말은 '화사한 행복'이다.

20콰차에는 무콰(*Pterocarpus angolensis*)나무가 도안되어 있다. 콩과식물 로 아프리카 티크라고도 하며 아프리카가 원산지다. 뿌리와 껍질은 염료 뿐 아니라 여러 가지 약용의 성분이 있어 아프리카에서는 치료약으로 주 로 사용하고 있다. 잎은 사료용으로 사용되며 꽃은 꿀의 중요한 원천이 되고 있다.

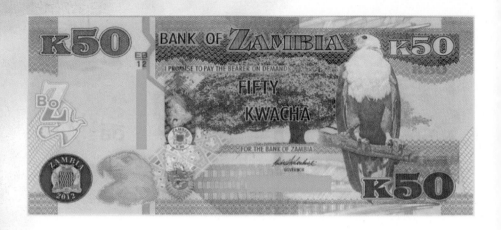

50콰차에는 아프리카 자두나무(*Prunus africana*)가 도안되어 있다. 아프리카 체리라고 불리는 벚나무의 일종으로 아프리카가 원산지다. 나무껍질로는 상처 드레싱 및 말라리아·복통 등을 치료하는 데 사용한다. 나무가 단단하여 생활 도구용으로 괭이·마차·도마·데크 및 가구 제조에도 사용된다.

100콰차에는 바오밥나무(*Adansonia digitata L.*)가 도안되어 있다.

잠비아는 세계 3대 폭포 중의 하나인 빅토리아 폭포가 있다. 동물들 또

한 다양하여 동물의 왕국이라 부른다. 자연경관이 아름다운 나라답게 지폐
에서도 그 모습을 담아냈다. 아마 지폐에 식물 시리즈를 도안한 나라는 아
메리카에서는 수리남, 아프리카에서는 잠비아, 아시아에서는 브루나이가 유
일하다.

이집트

EGYPT

이집트는 1922년 영국으로부터 독립했다. 1952년 왕정이 폐지되고 공화 정권이 들어서고 수에즈 운하의 국유화, 영국군의 철수, 토지개혁 등 이 단행되었다. 1967년 이스라엘과 제3차 중동 전쟁에서 패해 시나이반도 와 가자지구가 점령당했다. 제4차 중동 전쟁에서 승리 후 시나이반도를 반 환받았다. 이집트 통화는 파운드(EGP)이고 보조 통화로 피아스터가 사용 되고 있다.

이집트 25피아스터 뒷면에는 이집트 국장과 함께 밀 · 목화 · 옥수수가 도 안되어 있다.

고대 이집트인은 풍요로운 나일강 흙에서 야생 밀(*Triticum aestivum L.*)의 돌연변이인 '에머밀'을 재배했다. 기원전 2000년 무렵 곰팡이의 일종인 효모를 이용해 인류 최초로 발효 빵을 만드는 데 성공한다. 이 빵으로 이집트는 고대 지중해 패권의 중심지가 된다. 주변 국가에게 이집트 빵은 '경이로움' 그 자체였다. 자신들이 먹는 빵은 철판이나 돌에 반죽을 구워 만든 납작하고 딱딱한 빵이었기 때문이다. 이 때문에 이집트는 중동과 지중해 인근에서 강력한 국가들이 탄생할 때마다 침략 대상 우선순위가 된다. 기원전 7세기 아시리아를 시작으로 페르시아, 마케도니아를 거쳐 기원전 31년 로마제국이 이집트를 정복한다. 로마는 이집트 밀을 품종 개량해 유럽 전역에 퍼뜨린다. 로마 황제들은 공화제 폐지와 빈부 격차로 인한 대중의 불만을 억제하기 위해 '빵과 서커스'로 우민화 정책을 실시한다. 그러나 게르만족에게 로마는 멸망하고 만다. 빵으로 망한 것이다. 이집트는 1922년 비로소 독립한다. 또한 이집트도 한동안 나일강의 풍요 덕에 곡물을 자급자족했으나, 인구 급증과 지구온난화 탓에 나일강 수량이 줄면서 밀 수입국이 됐다. 이집트의 가혹한 현실이 아닐 수 없다.

　목화도 기원전 3000년경 인더스강 유역과 이집트 나일강 유역에서 재배했다는 기록이 있다. 옥수수 또한 나일강 유역에서 중요한 곡물 중 하나이다. 이집트 25피아스터의 지폐를 보면서 나일강의 역사를 되새겨 보게 된다.

코모로

COMOROS

코모로는 1961년 아프리카에 독립의 물결이 일던 '아프리카의 해'에 힘입어 프랑스로부터 자치권을 획득하고, 1975년에 마요트섬을 제외한 세 개의 섬이 독립하였다. 코모로의 공식 통화는 프랑(franc)이다.

10000프랑의 지폐 뒷면에는 일랑일랑(*Cananga odorata*)이라는 식물이 도안되어 있다.

일랑일랑은 아시아 및 남태평양 열대우림이 원산지로 말레이어로 '꽃 중의 꽃'이란 뜻이며 장미와 더불어 화려한 꽃의 대명사이다. 화려하고 짙은 꽃 향으로 인해 결혼식 때 머리와 옷 등에 장식용으로 많이 사용한다. 매혹적인 향기로 이성을 유혹하는 꽃으로 자바와 인도네시아에서는 신혼부부의 신방과 침대에 일랑일랑 꽃을 뿌려놓는 풍습도 있다.

일랑일랑은 꽃잎으로 만든 오일이 더 유명하다. 빅토리아 시대에는 아름다운 머릿결을 가꾸기 위해 일랑일랑의 오일로 모발을 관리했고, 19세기부터는 유럽에서 고급 향수의 원료로 많이 사용했다. 꽃말은 '처녀의 향기, 유혹'이다.

▲ 일랑일랑

코모로의 최고액권에 일랑일랑이 도안되어 있다. 만약 코모로를 여행하게 된다면 일랑일랑이 내뿜는 유혹의 향기에 한번 흠뻑 취해보기 바란다.

EUROPE

유럽 화폐 속의
역사와 식물 이야기

유로(EUR)는 유럽 연합의 화폐로, 이전 각
국에서 사용하던 화폐 대신 도입된 유럽형 단
일화폐다. 정확히는 '유로존(Eurozone)의 화폐'라
고 해야 한다. 유로존은 국가 통화로 유로를 도입해 사용
하는 국가나 지역을 통틀어 부르는 말이다. 유럽 중앙은행이
이 구역 내의 통화 정책에 책임을 맡고 있다. 유로의 지폐에는 식
물 도안이 없어서 유럽 화폐 속의 식물들은 유럽 연합에 가입되지 않
거나 유로화를 쓰지 않는 국가에만 적용하였다.

노르웨이

NORWAY

1905년 노르웨이는 스웨덴~노르웨이 연합의 종결을 끝으로 독립을 하였다. 제1, 2차 세계대전 중에 노르웨이는 중립국을 선언했지만 제2차 세계대전 때는 나치 독일에 의해 5년 동안 점령당하기도 했다. 백야의 나라로 가장 깨끗한 청정 지역 가운데 하나로 천혜의 자연환경을 자랑한다. 천연가스와 석유 같은 자원 매장량이 풍부하여 부유한 선진국이다. 현재 유럽 연합의 회원국이 아니다. 노르웨이의 통화는 크로네(krone)이다.

50크로네 지폐 앞면에는 페테르 크리스텐 아스비에르센(Peter Christen Asbiernsen)이 도안되어 있다. 아스비에르센은 노르웨이의 작가이며 민담

수집가이다. 같은 민담 수집가로 '모에'도 있는데 둘은 의형제를 맺을 만큼 가까운 사이였다. 두 사람은 요정담·신화·트롤 이야기를 현대 노르웨이어로 새롭게 엮어 함께 『노르웨이 민화집』을 펴냈다.

이들이 노르웨이의 구석구석을 다니며 수집한 옛이야기들에는 춥고 거친 환경에 적응하며 살아갔던 노르웨이 사람들의 고유한 삶의 양식과 정서, 가치관이 그대로 담겨 있다. 아울러 이들의 민담 수집은 오랜 기간 덴마크와 스웨덴의 지배를 받으며 잃어버린 '노르웨이의 정신'을 되찾기 위한 작업이었다. 그래서 이 책은 노르웨이의 19세기 낭만주의 시대에 나타난 가장 위대한 문화적 업적으로 꼽힌다.

뒷면에는 갈대·잠자리·수련(*Nymphaea tetragona*)이 도안되어 있다. 수련의 꽃잎은 낮에 활짝 벌어졌다가 밤에 접힌다. 밤에 꽃이 오므라들므로 잠자는 연꽃이라고 해서 수련(睡蓮)이라고 한다. 수련 하면 크로드 모네의 수련 연작이 유명하다. 수련의 연작을 그리며 그가 이렇게 말했다.

"바다를 잘 그리고 싶다면 매일, 매시간 같은 장소에 가서 바다를 관찰해야만 한다. 그래야 비로소 특정한 곳에서 바라보는 바다가 어떻게 움직이고 변화하는지 이해할 수 있게 된다. 내가 특정한 소재(수련)를 계속 반복해서 그리는 것도 바로 이 때문이다."

- 클로드 모네 -

노르웨이는 민주주의 지수 1위를 차지하고 있는 나라이다. 또한 북극에 가면 몽환의 빛이 피어오르는 아름다운 오로라를 볼 수 있는 나라이다. 그렇지만 수련과는 어떤 관계에 있는지 알기는 어렵다. 하지만 호수가

▲ 수련

많으니 수련과 관계있지 않을까 지폐를 보면서 생각해 본다.

스웨덴

SWEDEN

스웨덴은 1397년 칼마르 동맹에 의한 덴마크·노르웨이 3왕국의 국가 연합이 120여 년간 존속하였으나 이는 덴마크 왕을 수장으로 하는 체제였다. 1523년 덴마크와의 스웨덴 해방 전쟁으로 카마르 동맹을 해체하고 독립하였다. 스웨덴의 통화는 1873년에 제정한 크로나(krona)이다. 스웨덴의 지폐에는 역사 인물과 함께 인물이 태어난 지방을 상징하는 식물이 도안되어 있다.

20크로나 지폐 앞면에는 아스트리드 린드그렌(Astrid Lindgren)이 도안되어 있다. 린드그렌은 스웨덴을 대표하는 어린이 문학 작가로, 자기 딸에

게 들려준 이야기를 바탕으로 쓴 '삐삐' 시리즈가 우리나라에서도 잘 알려져 있다. '삐삐' 시리즈는 전 세계 60개 언어로 번역됐고 수백만 권이 팔려나갔으며, 컬럼비아 영화사의 '삐삐의 모험'을 비롯해 40여 편의 영화와 TV 시리즈로 제작되는 등 선풍적인 인기를 끌었다. 세계에서 가장 많은 어린이 독자를 가진 작가 중의 하나이다.

뒷면에는 그의 고향 스몰란드의 꽃인 린네풀(*Linnaea borealis*)이 도안되어 있다. 인동과의 식물로, 북반구의 특산종이다. 학자에 따라 린네풀과로 따로 분류하기도 한다. "신은 창조했고, 린네는 정리한다." '식물분류학의 아버지'로 불리는 린네가 한 말이다. 오늘날 국제적으로 통용되고 있는 '국제식물명명규약'은 린네가 창시한 이명법을 그 골자로 하고 있다. 린네는 그가 만든 이명법에 따라 직접 8천여 종의 이름을 붙였다. 그리고 작고 예쁜 풀꽃 하나에는 자신의 이름을 써먹었다. 그것이 바로 린네풀이다. 이 꽃은 영어로 쌍둥이꽃(Twin flower)이라고 한다. 꽃대 끝에 쌍둥이처럼 닮은 두 개의 꽃이 나란히 매달려 있고, 정의의 여신이 들고 있는 저울의 모양과도 많이 닮았다. 이 외형적 특징에 따라 이름 붙이기가 쉬웠음에도 불구하고 굳이 '린네풀'이라고 명명한 것은 그가 이 풀을 몹시 사랑했기 때문이다.

50크로나 지폐 앞면에는 스웨덴의 작가 · 예술가 · 작곡가이자 가수인 에버트 타우베(Evert Taube)가 도안되어 있다.

뒷면에는 그가 태어난 부후슬랜을 상징하는 붉은인동(*Lonicera periclymenum*)이 도안되어 있다. 유럽 원산지인 꽃이다.

100크로나 지폐 앞면에는 그레타 가르보(Greta Garbo)가 도안되어 있다.

무성영화와 유성영화의 과도기를 이끈 전설로, 양쪽 분야 모두에서 최고의 자리에 올랐다. 미국영화연구소(AFI) 선정 가장 위대한 여성 배우 5위에 선정되기도 했다. 아카데미 여우주연상에 네 번이나 후보로 올랐으나 수상엔 실패했다. 신비한 이미지로 유명하며, 스웨덴의 스핑크스(Swedish Sphinx)란 별명을 가지고 있다. 결혼하지 않고 평생 독신으로 살았다. 그의 대표작으로는 마타하리, 춘희 등이 있다.

뒷면에는 그레타 가르보가 태어난 스톡홀름이
도안되어 있고 그 앞으로 스톡홀름의 상징 꽃인
패모(*Fritillaria ussuriensis*)가 도안되어 있다. 학명의
뜻을 풀이하면 '우수리 지역에서 발견되고 꽃 모
양이 주사위 통을 닮은 식물'이라는 뜻이다. 패
모라는 명칭은 그 모양이 패자(貝子)와 비슷하다
고 하여 붙여졌다. 백합과인 패모는 한방에서 귀
한 대접을 받고 있는 약초지만 남한의 산야에서
는 만날 수 없다. 한대성 식물로서 함경도와 중국

▲패모

동북부 및 우수리 지방 등 추운 북쪽 지역이 자생지이기 때문이다. 우리나라
에서는 패모와 중국패모 2종이 있고 주로 중국패모가 재배된다. 패모와 중
국패모는 식물 전체의 모습은 같고 다만 꽃 색만 다르다. 중국패모의 꽃은
녹색 바탕에 연노랑이다. 패모를 검나리, 검정나리라고도 부른다.

200크로나 지폐 앞면에는 잉마르 베리만(Ingmar Bergman)이 도안되어 있
다. 베리만은 스웨덴의 영화, 연극 및 오페라 감독으로 60 · 70년대 영화계 최

고의 감독으로 뽑힌다. 대표작으로는 『제7의 봉인』, 『처녀의 샘』 등이 있다.

뒷면에는 그의 고향 고틀란드의 식물인 헤데라 헬릭스(*Hedera helix*)가 도안되어 있다. 아이비(ivy)라고도 부르는데 벽이나 다른 나무를 타고 오르거나 땅을 기는 늘 푸른 덩굴식물이다. 물에 담가두기만 해도 잘 자라는 공기 정화용 식물로 포름알데히드(formaldehyde)까지 없애주는 역할도 한다.

500크로나 지폐 앞면에는 비르기트 닐손(Birgit Nilsson)이 도안되어 있다. 1918년 스웨덴에서 태어난 20세기 최고의 드라마틱 소프라노 가수로 평가받는다.

"나는 이렇게 완벽한 성악가의 뛰어난 연기와 압도적인 노래를 보고 들을 수 있도록 아직까지 살아있다는 사실에 행복할 따름이다."
- 영국의 저명한 음악비평가 에네스트 뉴먼 경 -

"만약 비르기트가 오늘 은퇴를 선언한다면, 나도 내일로 오페라 지휘를 영원히 그만둘 것이다." - 오스트리아의 거장 지휘자 칼 뵘 -

뒷면에는 닐손이 태어난 스코네 지방 꽃인 불란서국화(*Chrysanthemum leucanthemum*)가 도안되어 있다. 유럽과 아시아가 원산지인 꽃이다.

1000크로나 지폐 앞면에는 함마르셸드(hammarskjold)가 도안되어 있다. 함마르셸드는 스웨덴의 정치가로 1953년 제2대 유엔 사무총장으로 선출됐다. 그는 세계 평화를 위해 중동 휴전 특사로 파견되는 한편 수에즈 운하 문제와 1956년 헝가리 혁명 등에서 큰 활약을 했다. 이후 1958년 사무총장에 재선되었으나 1961년 콩고 내전을 조정하기 위해 가던 도중에 잠비아에서 비행기 사고로 죽었다. 그는 같은 해에 최초로 사후 노벨 평화상을 받았다.

지폐의 뒷면에는 함마르셸드가 태어난 고향 라플란드를 상징하는 담자리꽃나무(*Dryas octopetala*)가 도안되어 있다. 장미과에 속하는 상록관목의 고산 식물로 순백의 꽃잎과 황금색의 꽃술이 어우러져 땅바닥에 낮게 깔려서 핀다. 풀같이 보이는 작은 나무로서 겨울에도 잎이 푸르다. 스웨덴은 많은 섬과 호수로 이루어진 나라다. 완벽한 사회보장제도와 세계적인 권위를 자랑하는 노벨상을 만든 나라다. 또한 스웨덴에는 지방마다 상징하는 꽃이 따로 있다는 것을 화폐를 통하여 알게 되었다.

북마케도니아

NORTH MACEDONIA

나라 이름을 '마케도니아'로 쓰는 데 그리스가 반대하여 국명을 북마케도니아 공화국으로 바꾸자는 프레스파 협정을 받아들여 북마케도니아가 되었다. 북마케도니아의 통화는 데나르(denar)이다.

5000데나르 지폐의 앞면에는 북마케도니아 테트보(Tetovo)에서 기원전 6C경에 출토된 마이나데스(Maenades) 청동상이 도안되어 있다. 마이나데스는 그리스 신화에 나오는 여인들이며 술의 신 디오니소스를 따르는 여사제다. 술에 취한 상태로 미친 듯이 산과 들을 헤매고 다니면서 춤을 추고 노래하면서 디오니소스를 찬양하는 여인이다.

뒷면에는 북마케도니아 남부 헤라클레이아(Herakleia)에서 발견된 모자이크로 무화과나무에 묶인 개의 그림이다. 무화과(*Ficus carica L.*)는 뽕나무과에 속하는 나무로 지중해 연안이 원산지로 종교와 관련이 깊은 나무이다.

500데나르 지폐의 앞면에는 트레베니스탄(Trebenista) 유적에서 발견된 황금 데스마스크가 도안되어 있다. 일명 아가멤논 마스크라고도 한다.

뒷면에는 양귀비꽃(*Papaver somniferum*)이 도안되어 있다. 양귀비는 지중해 연안이 원산지로 열매를 흠집 내면 즙액이 나오는데 그 즙액을 말린 것이 아편이다. 또한 양귀비꽃은 북마케도니아를 상징하는 국화(國花)이기도 하다.

그리스와 북마케도니아는 역사적 자존심 갈등이 심한 나라이다. 나라 이름도 제대로 가질 수 없었던 북마케도니아 그러나 나라 꽃만큼은 세계 어느 나라보다 화려하고 아름다운 꽃을 가졌다.

▼ 양귀비

루마니아

ROMANIA

루 마니아는 1878년 오스만 제국으로부터 독립하였다. 루마니아는 '로마인의 언어를 사용하는 사람과 땅'이란 뜻으로 2007년 유럽 연합의 정식 회원국이 되었다. 루마니아의 통화는 레우(Leu)이다. 루마니아는 유럽 연합의 정식 회원국임에도 유로존에 가입이 되지 않아 루마니아의 화폐로 유통된다. 루마니아의 현행권 지폐의 앞면에는 역사 인물과 함께 꽃이 시리즈로 도안되어 있다.

1레우 지폐 앞면에는 니콜라에 이오르가(Nicolae Iorga)와 루마니아 용담꽃(*Gentiana scabra*)이 도안되어 있다. 이오르가는 루마니아 최고의 민족사가이었으며 정치가였다. 잠시 총리로 활동하기도 했다. 그는 10권에 달하는 기념비적 저서 『루마니아 역사(Istoria Românilor)』를 출판했고 강렬한 민족주의적 저작과 강연을 통해 루마니아 지성계에 큰 영향을 미쳤다. 1940년 테러리스트에게 암살당했다.

루마니아 고산지대에 자라는 용담은 용의 쓸개처럼 맛이 쓰다고 하여 용담이라고 부른다. 꽃말은 '애수' '당신이 슬플 때 나는 사랑한다.'이다. 2005년 새 지폐가 발행되기 전에는 용담 꽃이 10000레우에 도안되어 있다가 새 지폐가 발행되면서 1레우에 옮겨져 도안이 되었다.

5레우 지폐 앞면에는 게오르그 에네스쿠(George Enescu)와 카네이션 (*Dianthus caryophyllus*)이 도안되어 있다. 에네스쿠는 18세부터 바이올린 명연주로 이름을 떨쳤으며, 특히 바흐 작품의 해석으로 널리 알려졌다. 루마니아 민족 악파의 선구자이며, 부쿠레슈티에는 그의 이름을 딴 박물관이 있다.

에네스쿠 옆으로는 카네이션이 도안되어 있다. 카네이션은 유럽과 서아시아가 원산지이다. 카네이션은 2000여 년 전부터 재배한 기록이 있으며, 장미·국화·튤립과 함께 세계 4대 꽃다발(절화, 切花)로 사용하는 꽃이다. 현재

의 카네이션은 중국계 패랭이꽃과 교잡하
여 개량 과정을 거치면서 사계절 내내 피는
꽃이 되었다. 지금과 같이 어버이날에 부
모님 가슴에 카네이션을 달아 주는 유래
는 미국에서부터 시작되었다. 1907년 필라

▼ 카네이션

델피아의 애너 자비스가 분홍 카네이션을 어머니날에 처음으로 어머니 가슴에
달아 줌으로써 시작되었다. 붉은색 카네이션은 존경과 건강을 비는 사랑이라
는 뜻이 있으며, 흰색 카네이션은 '돌아가신 어버이를 추모합니다.' 라는 의미
가 있다. 우리나라에는 1925년경 도입이 되었다. 어버이날과 스승의 날에 자
녀나 학생들이 부모님과 스승의 사랑에 감사하는 뜻으로 붉은 카네이션을
가슴에 달아 드리고 있다. 석죽과인 카네이션을 유럽에서는 해열제로 썼으며,
엘리자베스 시대에는 카네이션을 와인과 에일의 향신료로 사용했다.

10레우 지폐 앞면에는 니콜라에 그리고레스쿠(Nicolae Grigorescu)와 접
시꽃(*Althaea rosea*)이 도안되어 있다.

니콜라에는 현대 루마니아 회화의 창시자로 루마니아 근대미술의 아버지로 칭송받고 있는 인상파 화가이다. 1867년 프랑스 파리 '만국 전시회'에서 니콜라에의 작품들은 민족적인 주제를 다분히 담고 있다. 뛰어난 회화수준에 루마니아인들의 애국심, 자연에 대한 사랑을 담았다. 니콜라에의 '소 마차' 시리즈는 너무나 유명한 그림이다. 당시 인상주의 화단과 루마니아 미술계에 새로운 바람을 불어 넣어주었다. 니콜라에의 작품은 유럽 각지의 대형 박물관과 미술관에서 소장하고 있으며 그의 작품 중 다수는 루마니아 수도 부카레스트에 위치한 루마니아 국립미술관에서 소장·전시하고 있다.

니콜라에의 붓 앞으로 도안된 꽃은 접시꽃이다. 접시꽃은 아욱과로 중국 서부 지역이 원산지이며 15세기 전후로 유럽에 건너 간 것으로 추정된다. 꽃의 선명한 색이 매력적인 꽃으로 유명하다. 전 세계 온대 지역에서 관상용으로 널리 재배한다. 접시꽃 하면 도종환 시인이 쓴 『접시꽃 당신』이 유명하다.

50레우 지폐 앞면에는 아우렐 블라이쿠(Aurel Vlaicu)와 에델바이스 (*Leontopodium alpinum*)가 도안되어 있다. 블라이쿠는 루마니아 비행기 제작자로 1910년 '블라이쿠 1호'를 제작하여 첫 비행을 하였으며, 1911년에

는 비엔나에어쇼에서 42명의 경쟁자를 누르고 우승했다. 1913년 그가 만든 '블라이쿠 2호'를 타고 상피뉴산맥을 통과하다 추락하여 32세로 사망하였다. 그는 비행기 제작 기술의 기초를 확립한 인물로 평가받고 있다.

에델바이스는 국화과에 속하는 다년생 고산 식물로 유럽 알프스가 원산지이다. 에델바이스란 학명은 '사자의 발'이란 뜻이다. 또한 고귀한 흰 빛이란 뜻과 함께 알프스의 영원한 꽃으로도 불린다. 별처럼 생긴 벨벳 같은 하얀 꽃은 '순수'의 상징으로 여긴다. 꽃말은 '소중한 추억'이며, 스위스와 오스트리아의 국화이기도 하다. 전설에 따르면 에델바이스라는 이름을 지닌 천사가 알프스에 자리 잡고 있었는데, 한 등산가가 우연히 마주하게 되었다. 그는 그녀의 외모에 반해서 그 이야기를 사람들에게 알리기 시작했고, 많은 등반가가 그녀를 보기 위해서 알프스에 오르다 추락사하기에 이르렀다. 마침내 그녀는 신에게 기도하면서 자신을 꽃의 모습으로 바꿔 달라고 간청했다. 천사가 바뀐 이 꽃이 바로 천사의 이름을 딴 '에델바이스'라는 꽃이다.

100레우 지폐 앞면에는 이온 루카 카라지알레(Ion Luca Caragiale)와 제비꽃(*Viola mandshurica*)이 도안되어 있다.

카라지알레는 루마니아의 극작가이며 작가이다. 젊은 시절 신문 편집자 일을 하면서 그의 첫 희극 작품인 『소란스러운 밤』등 많은 희극 작품을 발표한다. 1890년대에 들어서는 희곡 집필은 중단하고 단편소설, 콩트 등을 발표한다. 1891년 단편집 『순간들』 1908년에는 단편소설 모음인 『소설집』과 이야기 모음인 『이야기들』을 발표한다. 그의 작품들은 사회현실에 대한 예리한 풍자와 비판이 관료주의 정치가나 기회주의자들에 대한 사회적 논란을 불러일으켜 독일로 이주했다. 1912년 독일 베를린에서 삶을 마감했다. 시신은 고국으로 돌아와 국립묘지에 안치되었다.

제비꽃은 제비꽃과에 속하는 여러해살이풀이다. 겨울나러 갔던 제비가 돌아오는 무렵에 꽃이 핀다고 하여 제비꽃이라 했다고 한다. 다른 이름으로는 장수꽃 · 병아리꽃 · 오랑캐꽃 · 씨름꽃앉은뱅이꽃이라고도 한다. 그리스나 로마의 여인들은 이 꽃에서 채취한 염료를 눈 위에 발라서 화장에 이용했다. 그리고 제비꽃은 향기가 좋아서 향수뿐 아니라 화장품의 재료로도 쓰였다. 유럽에서는 아테네를 상징하는 꽃이었으며 로마 시대에는 장미와 더불어 심었다. 그리스도교 시대에는 장미 · 백합과 함께 성모께 바치게 되는데, 장미는 아름다움을 나타내고 백합은 위엄을 나타내며 제비꽃은 성실과 겸손을 나타낸다고 한다. 흰제비꽃은 티 없는 소박함을 나타내고 하늘색은 성모 마리아의 옷 색깔과 같으므로 성실 · 정절을 뜻하며 노랑제비꽃은 농촌의 행복으로 표시하고 있다. 마지막으로 꽃말은 겸양을 나타낸다.

500레우 지폐 앞면에는 미하이 에미네스쿠(Mihai Eminescu)와 틸리아 (*Tilia amurensis*)가 도안되어 있다.

에미네스쿠는 루마니아의 대표적인 시인으로 언어의 대부라는 칭송을 받는 후기 낭만주의 시인이다. 그의 시편들은 자연과 사랑에서부터 역사와 사회적 비평까지 넓은 영역의 주제를 아우르고 있다. 동시대는 물론 후 시대 사람들을 매혹 시키는 재능으로 루마니아 최고의 서정 시인이라 불리었다. 그의 시는 전 세계 60여 개국 언어로 번역되어 읽히고 있다. 그는 정신병으로 행복한 삶을 영위하지 못했고 심내막염으로 짧은 생을 마감했다.

'틸리아(Tilia)'의 종 소명 '아무렌시스(amurensis)'는 러시아의 아무르 지역이 원산지임을 말해 준다. 틸리아나무는 우리나라에서는 피나무로 알려져 있다. 피나무는 나무껍질·목재·꽃·열매 등 버릴 게 없는 나무다. 목재는 재질이 연하고 나뭇결이 부드러워 가공하기 쉽고 각종 조각재를 만드는 데 안성맞춤이다. 특히 껍질은 밧줄을 만드는 데 사용하는데, 섬유질이 삼베 등 다른 섬유보다 질기고 물에도 내구성이 강하여 각종 노끈과 망태기·미투리를 만드는 데 유용하게 쓰인다. 꽃은 밀원식물로서 '피나무벌

꿀'이라는 이름으로 팔린다. 꽃봉오리는 말려서 피나무꽃차로 이용된다. 이런 피나무의 특성을 시로 표현한 시가 있으니 김재황의 피나무이다.

피나무 / 김재황

꽃 피어 향기롭고
꽃 지어 남기는 인휼(어진 마음으로 불쌍히 여겨 도와줌).

살아서도 죽어서도
별빛처럼 반짝이며
모피목(毛皮木) 고운 영혼이 차 한 잔을 따른다

용담꽃 · 카네이션 · 접시꽃 · 에델바이스 · 제비꽃 · 피나무꽃이 도안된 루마니아 지폐를 보면서 아름다운 자연환경을 자랑하는 루마니아를 연상하게 한다.

KOREA

우리나라 화폐 속의
역사와 식물 이야기

일원

ONE WON

구일원에는 무궁화 꽃이 도안되어 있다.
우리나라 꽃인 무궁화(*Hibiscus syriacus*)
는 전국에 300여 종 이상이 있다. 아욱과의 낙
엽관목으로 우리나라의 서해안 지방과 중국
그리고 인도가 원산지로 알려져 있다. 꽃은 7

월 초부터 10월 중순까지 개화하며 새로 자란 가지의 앞겨드랑이에서 한 송
이씩 핀다. 대부분 품종은 이른 새벽에 꽃이 새로 피었다가 저녁이 되면 꽃이
떨어지기를 반복하지만 반 겹꽃이나 겹꽃에 속하는 일부 품종의 경우 2~3일
간 피기도 한다. 꽃의 모양은 대부분 종 모양으로 생겼으며 꽃자루는 짧은
편이다. 꽃잎의 색깔에 따라 배달계·단심계·아사달계로 분류한다.

배달계

개량종으로 꽃잎이 완전한 백색이고 중앙에 붉은 테가 없다. 비교적 최근
에 개량된 종류이며 기본적으로 홑겹이나 다양한 형태가 있다. 꽃이 크고
꽃잎이 완전한 흰색인 게 공통점이며 이름에서 보이듯 민족적 상징성을 나
타내는 종류이다.

단심계

꽃의 밑 부분에 짙은 붉은색이 있는데 이를 단심이라고 한다. 단심계는 다시 백단심계·적단심계·자단심계·청단심계로 구분한다. 꽃 색깔은 붉은색·분홍색·연분홍색·보라색·자주색·파란색·흰색 등 다양하다.

아사달계

백단심계와 기본적으로 유사하나 꽃잎이 더 가늘며 아사달 무늬라는 독특한 무늬가 있다.

무궁화의 수명은 30~40년 정도로 짧다. 하지만 100년 전후의 고목으로 된 무궁화가 전국적으로 몇 그루 있다. 우리나라에서 가장 오래된 무궁화는 강릉시 사천면 방동리 강릉 박씨 제실 안에 있는 천연기념물 520호로 나이는 120년쯤 된다. 그 외에 백령도 중화동 교회의 천연기념물 521호 무궁화가 있고, 홍천 고양산 중턱에 오래된 무궁화 보호수가 있으나 고사 되거나 진행 중이다.

예로부터 우리나라를 근역(槿域) 즉 무궁화 나라라고 했다. 동양 최고의 지리서인 『산해경(山海經)』에는 무궁화를 '아침에 꽃이 피고 저녁에 지는 훈화'로 소개하고 있다. 무궁화는 법률을 통해 국화로 정하여지지는 않았지만, 대한민국을 상징하는 꽃이다. 그러므로 산림자원의 조성 및 관리에 관한 법률에 의거 무궁화를 특정하여 무궁화 심기에 노력하고 있다.

이규보의 『동국이상국집』에는 '이 꽃은 꽃 피기 시작하면서/하루도 빠짐 없이 피고 지는데/사람들은 뜬세상을 싫어하고/뒤떨어진 걸 참지 못한다네/도리어 무궁이란 이름으로/무궁(無窮)하길 바라네'라고 하여 무궁화의 어원이 나온다.

무궁화는 꽃봉오리가 한 번에 만개하지 않고 순차 적으로 피고 지기를 반복한다. 한결같고 항상 피어 있는 것처럼 보여 이런 점을 두고 정절·절개의 상징으로 여겼다.

무궁화(木槿) / 윤선도

갑일화무을일휘(甲日花無乙日輝)
오늘 필 꽃이 내일까지 빛나지 않는 것은
일화수향양조휘(一花羞向兩朝輝)
한 꽃으로 두 해를 보기가 부끄러워서다
규경일일여빙도(葵傾日日如憑道)
해바라기와 같은 풍도를 말한다면
수변천추사시비(誰辨千秋似是非)
세상의 옳고 그름을 그 누가 분별할 것인가

해바라기(葵)에 비유한 풍도(馮道)는 중국 전국시대 당(唐)·진(晉)·한(漢)·주(周) 네 나라의 여섯 임금에게 승상을 지낸 사람으로 후세에 비루하다는 평을 받는 사람.

절명시(絶命詩) / 황현(黃玹)

새도 짐승도 슬피 울고 바다와 산악도 찡그리는데
무궁화 세계가 이미 멸망하였네
가을 등불 아래 책을 덮고 천고의 역사를 회고하니
인간 세상에서 지식인 노릇 하기 어렵구나

한일합방 소식을 듣고 음독 자결한 순국시인 매천 황현의 절명시다. 여기서 황현은 우리나라를 '근화세계(槿花世界)' 즉, 무궁화 나라로 표현했다.

나라꽃 무궁화는 1908년 해조신문(海朝新聞)에 실린 '애국가' 가사에 현재 우리가 잘 알고 있는 애국가 후렴이 그대로 나와 있는 점에서도 찾을 수 있다.

1. 성자신손 오백 년은 우리 황실이요, 산고수려 동반도는 우리 본국일세
2. 충군하는 열성 의기 북악같이 높고 애국하는 일편단심 동해같이 깊어
3. 천만인의 오직 한 맘 나라 사랑하여 사농공상 귀천 없이 직분만 다하세
4. 우리나라 우리 황실 항천이 도우사 만민공락 만만세에 태평독립하세
　(후렴) 무궁화 삼천리 화려강산 대한 사람 대한으로 길이 보전하세

해조신문(海朝新聞), 大韓隆熙 二年 五月 二十六日(1908년 5월 26일)

해조신문은 1908년 2월 러시아 블라디보스토크에서 간행된 순 한글 일간 지이다.

1935년 10월 21일 동아일보에는 다음과 같은 글이 실렸다. "아마 지금으로부터 25년 전 조선에도 개화 풍이 불어오게 되고 서양인의 출입이 빈번해지자 당시의 선각자 윤치호 등의 발의로 양악대를 비롯하여 애국가를 창작할 때 애국가의 뒤풀이에 '무궁화 삼천리 화려강산'이라는 구절이 들어가면서 무궁화는 조선의 국화가 되었다. 안창호 등이 맹렬히 민족주의를 고취할 때, 연단에 설 때마다, 가두(街頭)에서 부르짖을 때마다 주먹으로 책상을 치고 발을 구르면서 무궁화동산을 절규함에, 여기에 자극을 받은 민중은 귀에 젖고 입에 익어서 무궁화를 인식하고 사랑하게 되었다."라는 기록이 있다. 이후로 '무궁화 삼천리 화려강산'이라는 말은 우리 한민족의 가슴 속에 조국에 대한 영원한 사랑의 뜻으로 남게 되었다.

근대에 와서 무궁화는 복식을 비롯한 국가를 대표하는 상징물로 널리 사용된다. 무궁화 문양이 처음 등장한 것은 1892년 닷 냥 은화에 그 꽃가지가 묘사된 것이다. 대한제국기에 개정되는 서구식 군복과 훈장, 문관의 대례복 등에 활용되었는데, 1895년 육군 복장에는 무궁화를 형상화한 문양이 더욱 다양하게 사

▲ 박기종 대례복

용되었고 훈장에도 무궁화 문양이 쓰였다. 무궁화 문양이 가장 전면적으로 사용된 것은 서구식 문관 대례복에서였다. 1900년대에 외교관을 지낸 박기종(1839~1907)의 대례복에는 가슴 전면에 무궁화 자수가 좌우로 4송이, 여밈에 3송이가 큼지막하게 놓여 있다.

국기를 게양하는 깃대의 깃봉이 무궁화 꽃봉오리다. 국회기·법원기도 무궁화 꽃 중심부에 기관 명칭을 넣어 사용하고 있다. 우리나라의 훈장 중에서 가장 등급이 높은 훈장의 명칭이 '무궁화대훈장'이다. 그 훈장 도안도 무궁화로 장식되어 있다. 국회의원 및 지방의회 의원 배지, 장·차관 등의 배지가 무궁화 꽃을 기본 도안으로 하고 있으며, 군인과 경찰의 계급장 및 모자챙 그리고 모표 등에도 무궁화가 사용되고 있다. 대통령표장과 나라 문장에도 무궁화 꽃으로 도안되어 있다.

무궁(無窮)이라 함은 '다함이 없다'라는 뜻이다. 무궁화는 여름 내내 피고 지고 다시 피기를 끝없이 반복한다. 끝없이 피어나는 꽃과 질긴 생명력을 가진 무궁화, 단순한 의미에서 우리나라를 대표하는 꽃이 아니다. 일제강점기 억압과 고통의 세월을 함께 견뎌온 숭고한 꽃이다. 애국가 후렴처럼 지금 우리가 사는 이곳은 무궁화 삼천리 화려강산 대한민국 땅이다. 어쩌면 무심하게 흘려들었을 그 가사를 들으며, 한 번쯤은 길고 긴 역사를 함께해 온 그 꽃의 의미를 되짚어 보는 것은 어떨까 싶다.

오십원

오십 원 동전에는 벼(*Oryza sativa L.*)가 도 안되어 있다. 벼는 벼과에 속하는 한해살이 식용작물로 전 세계 인구의 약 40% 정도가 주식으로 이용하고 있다. 오늘날 재배되고 있는 종은 아시아가 원산지인 오리자 사티바(Oryza sativa)와 아프리카가 원산지인 오리자 글라베르리마(Oryza glaberrima) 2종류이다. 아프리카 종은 아프리카 일부 지역에서 재배되고 극히 제한적이어서 전 세계적으로 유통되고 있는 것은 아시아 종이다. 아시아 종인 오리자 사티바(Oryza sativa)는 다시 자포니카(japonica)와 인디카(indica)로 나뉜다. 우리 밥상에 올라오는 쌀은 자포니카다. 자포니카는 둥글고 짧은 형태를 띠며 끈기가 있다. 한국과 일본, 중국 북부가 자포니카의 주산지다. 인디카는 납작하고 긴 형태를 가지고 있으며 끈기가 적다. 중국 남부와 동남아, 베트남에서 주로 재배한다. 인디카는 전 세계 쌀 무역량의 90%를 차지한다. 즉, 세계인들에겐 우리가 먹는 자포니카가 더 생소한 것이다.

우리나라 쌀 재배의 역사는 중국으로부터 벼농사 기술이 전래했다는 것이 농학자들과 역사학자들의 비교적 일치된 견해이다. 쌀은 석기시대부터 지금에 이르기까지 우리 민족에게 에너지원의 역할은 물론 문화의 근간으로 자리매김해왔다. 쌀은 특히 우리 민족에게 단순한 식량 그 이상의 의미가 있으며 더불어 살아가는 생활 공동체의 근간을 형성했다.

　　우리나라의 역사가 그러하듯이 농업의 역사에서도 일제강점기의 그늘은 참담하고 암울했다. 일본은 전쟁에 필요한 식량 확보와 자국에 필요한 농산물을 우리나라에서 약탈해 조달한다는 목표를 세우고 그에 따라 농업정책을 펴나갔다. 군량미 조달을 위해 적극적인 증산을 강행했으며 한국에서 생산된 쌀은 '공출'이라는 이름으로 징발했다.

　　해방 이후에도 식량부족은 여전하였다. 외화가 부족해 쌀을 수입할 수 없었기에 쌀의 자급은 국가의 최우선 정책과제였다. 쌀의 소비를 줄이기 위해 '무미일(無米日)'을 지정해 혼  식과 분식을 장려했다. 심지어는 학교에서 도시락을 검사하여 쌀과 보리의 혼합 비율을 확인했고, '양곡 소비 절약에 관한 행정명령'을 통해 쌀 판매를 일일이 통제했다. 쌀을 원료로 한 과자와 엿류의 생산을 억제하고 서민들의 술인 막걸리 제조에까지 쌀을 사용하지 못하도록 했다.

식량부족의 해결책은 품종개량밖에 없다고 판단하고 품종 개발에 들어가 1971년에 '통일(IR667)' 품종을 개발했다. 1972년부터는 농가에 보급되어 기반을 마련했다. 마침내 1976년 자급자족의 꿈을 이뤄냈다. 통일벼로 쌀의 자급을 이루게 됨에 따라 그동안 대표적인 절미정책이었던 무미일이 폐지됐다.

무미일은 1969년부터 매주 수요일과 토요일을 분식의 날, 일명 '무미일'로 정해 오전 11시부터 오후 5시까지 쌀로 만든 음식을 팔지 못하도록 규제한 것이다. 1977년 쌀 수확량이 사상 처음으로 4천만 석을 돌파해 식량 수급이 가능해지자 정부는 무미일(분식날)을 폐지하고, 쌀도 백미에 가까운 9분 도로 도정하게 했다.

여러 쌀 수요 억제책들도 완화되었다. 특히 쌀 막걸리 제조를 금지한 지 14년 만인 1977년 12월 쌀 막걸리 제조를 허가했는데, 쌀 막걸리의 등장은 그해 10대 뉴스에 포함될 만큼 중요한 사건이었다.

보릿고개를 겪던 시절에는 흰 쌀밥을 마음껏 배불리 먹는 것이 소망이자 목표인 시절이 있었다. 지금은 먹거리가 넘쳐 많이 먹는 것이 병이 되어버린 세상이다. 흰 쌀밥의 섭취를 줄이는 것이 건강한 장수를 위해 좋다고 한다. 탄수화물의 공급원을 많은 부분에서 섭취하는 현대인들은 어떻게 하면 밥양을 줄이고 적게 먹을 것인가를 고민하는 세상이다.

하지만 한국인의 주식은 쌀이 분명하다. 쌀은 한국인의 주요 에너지원으로 하루에 필요한 에너지의 30~40%를 쌀에서 섭취한다. 한국인의 밥상에서 쌀밥을 포기하거나 빼는 것은 상상할 수 없는 일이다. 농림축산식품부는 지난 2015년부터 매년 8월 18일을 쌀의 날로 지정했다. 한자 쌀 미(米)를 '八' '十' '八'로 파자(破字)했다. 쌀을 생산하려면 농부의 수고가 여든여덟 번 필요하다는 의미도 있다. 50원 동전에 도안된 벼 이삭을 보면서 무더위에 노심초사 애태우는 농부의 마음을 생각해 우리가 먹는 쌀의 가치와 중요성을 돌아볼 때이다.

천원

ONE THOUSAND WON

현재 천 원의 지폐 앞면에는 퇴계 이황의 초상과 매화가 도안되어 있다. 뒷면은 겸재 정선의 계상정거도로 이황이 은퇴한 후 서당을 지어 후학을 가르친 계상서당을 묘사한 것이다.

앞면의 퇴계 이황 초상을 그린 사람은 현초 이유태 화백으로 이화여자대학교 미대 학장을 역임한 사람이다. 퇴계 이황은 조선전기 성균관대사성, 대제학 등을 역임한 문신이며 학자이다. 조선전기 정주 목사를 역임한 조호익은 퇴계 이황을 다음과 같이 평하였다.

"주자 이후 도(道)의 정맥은 이미 중국에서 두절 되어 버렸다. 퇴계는 한결같이 성인의 학으로 나아가 순수하고 올바르게 주자의 도를 전하였다. 우리나라에서 비교할 만한 사람이 없을 뿐 아니라, 중국에서도 이만한 인물을 볼 수 없다. 실로 주자 이후의 제일인자이다."

▲ 퇴계이황 · 두향이 사랑이야기 공원

이황의 초상과 함께 도안된 것은 매화이다. 매화는 퇴계 선생이 무척 좋아했던 꽃이다. 퇴계는 생전에 매화를 제재로 한 시만을 모아 『매화시첩(梅花詩帖)』을 만들었다. 여기에 매화만 읊은 시가 90여 수가 실려 있다. 조선의 문인과 학자들 가운데 그 유래가 없는 일이다. 조선일보에서 연재한 정비석의 소설 『명기열전(名妓列傳)』 중 기생 두향 편에는 퇴계와 두향의 사랑 이야기가 나온다. 퇴계 이황이 숨을 거두면서 두향을 생각하며 "매화에 물을 주어라."라는 유언은 너무나 유명한 말이다. 매화를 두고 신분을 뛰어넘는 사랑 이야기는 스토리텔링이 되어 2017년 단양 장회나루 언덕에 '퇴계 이황 · 두향이 사랑이야기 공원'이 만들어졌다.

매화는 한자어로 매(梅)와 화(花)의 합성어다. 원산지는 중국으로 한자명과 함께 한국과 일본으로 건너왔다. 소인묵객들은 추위 속에서도 향기롭게 피어나는 매화를 부르기 위해서 많은 이름을 지어냈다. 그중에서 가장 널리

알려진 것이 바로 세한삼우요. 사군자이다. 벗 이상으로 대한다는 설중군
자를 비롯해 · 조매 · 한매 · 동매 · 설중매 · 화형 · 백화형 · 화형국제 · 제
일춘 · 백설양춘 등과 같은 이름이 있다.

이런 매화를 퇴계 이황보다 더
좋아했던 사람이 있다. 중국 송
나라 때 시인으로 평생을 고산에
숨어 산 임포(林逋 967~1028)
다. 그는 벼슬에 뜻이 없어 항주
서호의 고산에 들어가 초옥을 짓
고 평생을 살았다. 임포는 두 마
리의 학을 길렀다. 학을 풀어주

▲ 임포와 학

면 구름 위까지 날아올라 한참을 날아다니다가 다시 새장으로 돌아왔다.
임포는 항상 작은 배를 타고 서호 근처의 절경들을 찾아 노닐었는데, 혹시
손님이 임포의 집에 찾아오면 동자가 문 앞에까지 나와 손님을 맞이하면서
새장에 있는 학을 풀었다. 그러고 나면 한참 후에 임포가 배를 저어 돌아
왔다. 임포가 사는 집 주변에는 매화나무가 많았다. 매화나무 숲에서 자식
대신 학을 기르며 살았다. 매화를 부인으로, 학을 자식 삼아 사는 그를 보
고 사람들은 '매처학자(梅妻鶴子)'라 불렀다. 매화를 얼마나 좋아했으면
아내로 삼았을까 싶다. 임포가 시인으로서 이름을 크게 날린 유명한 시가
있는데 그것이 바로 '산원소매'이다.

산원소매(山園小梅) / 임포(林逋)

중방요락독훤연(衆芳搖落獨喧妍)

점진풍정향소원(占盡風情向小園)

소영횡사수청천(疏影橫斜水淸淺)

암향부동월황혼(暗香浮動月黃昏)

상금욕하선투안(霜禽欲下先偸眼)

분접여지합단혼(粉蝶如知合斷魂)

행유미음가상압(幸有微吟可相狎)

불수단판공금준(不須檀板共金樽)

작은 매화 동산 / 임포

모든 꽃이 바람에 떨어진 뒤 홀로 곱고 피어

작은 동산의 아름다움을 다 차지하였네

성긴 그림자 얕은 물에 비스듬히 드리우고

은은한 향기 달빛 황혼에 스며드네

겨울 철새가 좋은 자리 다 차지하니

흰나비들이 그 사실을 알고 넋이 다 나갔네

다행히 나는 나지막한 시로도 친해질 수 있으니

악기나 술 항아리가 필요치 않네

이 시는 너무나 유명하여 중국대륙에 매화가 피면 온 중국의 선비들이 임포의 '작은 매화 동산'을 노래 불렀다. 그러니 조선에서는 어떠했겠는가. 조선의 궁궐과 사대부 선비들은 물론 조선반도 시골과 산골 마을까지 구석구석 퍼져나갔다. 심지어 어린 소년이라 할지라도 화분에 매화가 피면 너도나도 '소영횡사수청천'과 '암향부동월황혼'을 노래 불렀다.

효종비 인선왕후의 아버지로 천문·지리·의술·병서 등 각종 학문에 능통했고, 서화와 특히 문장에 뛰어나 이정구·신흠·이식 등과 더불어 조선 문학의 4대가라 칭하는 장유가 그의 시문집 '계곡집'에서 이렇게 말했다.

> "예로부터 매화에 관심을 쏟은 이들이 많지만 그중에서도 그야말로 높은 품격과 뛰어난 운치를 보여주며 주객이 서로 어우러지게 함으로써 영원토록 찬사를 받을 만한 명구가 있다고 한다면 오직 임포의 산원소매 그것만이 존재할 뿐이다."

라고 극찬을 했다. 그리고 조선의 내로라하는 화가들은 '매처학자' 임포의 모습을 너도나도 그렸다. 그리고 조선이 멸망할 때까지 그려 나갔다. 강세황·김홍도·정선·정유승·조세걸·홍득구·이징 등이 그린 '서호방학도'와 '고산방학도'가 그것이다.

이황과 매화가 도안된 천 원짜리 지폐를 보면서 현재 우리가 사는 지금 시대정신과 맞는 것인지 다시 한번 생각해 보게 된다. 퇴계 이황의 이념과 매화의 상징성이 어딘지 모르게 유교 시대를 넘어선 지금의 현실과는 너무 동떨어진 느낌이 들기 때문이다.

오천 원

FIVE THOUSAND WON

현재 오천 원의 지폐 앞면에는 율곡 이이와 그의 생가인 오죽헌과 오죽 (烏竹)이 도안되어 있다. 뒷면에는 '신사임당초충도병(申師任堂草蟲 圖屏)'이 도안되어 있다. 앞면의 율곡 이이의 초상을 그린 사람은 일랑 이 종상 화백으로 서울대학교 미대 명예교수이다.

대나무는 나무냐 아니면 풀이냐로 논쟁이 많은 식물이다. 대에 나무 이름 이 붙었으니 나무이다는 것과 생태적으로 꽃이 피면 죽고, 나이테를 만드는 형성층이 없으므로 풀로 봐야 한다는 논쟁이 있는 식물이다. 이 논쟁을 한

마디로 표현한 시가 있으니 윤선도의 오우가(五友歌) 중에서 대나무이다.

오우가(五友歌) 중 대나무 / 윤선도(尹善道)

나무도 아닌 것이 풀도 아닌 것이
곧기는 뉘 시키며 속은 어이 비었는다
저렇고 사시에 푸르니 그를 좋아하노라

대나무는 문학과 회화에서도 빠지지 않는 소재로 쓰였다. 또한 일상생활에서도 다양한 용도로 쓰인다. 참빗·부채·대발·소쿠리·채상 등 많은 곳에서 대나무가 쓰인다. 특히 텅스텐 백열전구가 나오기 전 백열전구는 대부분 대나무 필라멘트로 만든 전구였다.

토마스 에디슨은 1880년 2,000시간 이상 인공 광선을 발산하는 백열전구를 개발하는 데 성공했다. 일본산 대나무로 만든 필라멘트의 내구력이었다. 탄소는 모든 원소 가운데서 융해점이 가장 높은 물질이다. 그것을 필라멘트로 삼아 진공관에 넣으면 타는 시간이 길어질 거라는 것을 과학자들은 알고 있었다. 에디슨은 1,600종류나 되는 소재를 바꿔 실험했지만 번번이 실패했다. 그러다가 무명실 한 가닥이 45시간이나 타지 않고 버틴다는 것을 14개월 만에 알아냈다. 에디슨은 그래도 만족할 수 없어서 1880년 연구원 하나를 우수한 대나무가 많다는 일본으로 보냈다. 밤을 대낮처럼 밝혀 줄 인류 최초의 전구를 만드는 일에 일본산 대나무가 큰 몫을 해낼지도 모른다는 소리에 당시 수상이었던 이토 히로부미는 정부 차원의 지원을 약속했다. 교토 시장은 양질의 죽순 산지인 야와타(八幡)의 오토코야마(男山)의 대나무를 추천했다.

1884년 마침내 2,450시간의 빛을 유지하는 대나무 필라멘트가 만들어진 것이다. 텅스텐 필라멘트가 나올 때까지 그것은 전구의 눈이 되었다. 그후 10년간 일본은 대나무 탄화소재를 전 세계에 수출했다. 이에 일본은 1980년 야와타 역전에 에디슨의 업적을 기리고 전기의 평화적 이용을 기념하는 동상을 세웠다. 그리고 다음과 같은 비명을 새겼다.

"1880년 에디슨의 천재성은 야와타의 오토코야마에서 대나무의 우수한 품질과 결합해 인류의 공동재산인 전구를 만들었다. 야와타 시민인 우리는 우리 고장이 인류의 복지에 공헌한 역사를 자랑하며 평화로운 도시 가꾸기에 진력한다."

뒷면에는 강원도 유형문화재 제11호 신사임당초충도병 중 일부의 그림이

도안되어 있다.

　지폐에 도안된 그림은 달개비와 수박 그리고 맨드라미 그림이다. 이 지폐의 그림은 신사임당초충도병 중 3폭과 5폭에 그려진 그림이다.

　신사임당초충도병은 ① 오이와 메뚜기 ② 물봉선과 쇠똥벌레 ③ 달개비 그리고 수박과 여치 ④ 가지와 범의 땅개 ⑤ 맨드라미와 개구리 ⑥ 가선화(양귀비)와 풀거미 ⑦ 봉선화와 잠자리 ⑧ 원추리와 벌 등 8폭의 병풍 그림이다. 각 폭마다 각기 다른 풀과 벌레를 그려 '초충도'라고도 부른다. 그림은 자연의 풀과 벌레를 소재로 하여 각 폭마다 꽃과 관련된 풀벌레를 중점으로 그렸으며, 그 종류가 20여 가지나 된다. 오이나 가지는 풍요로움을 갖게 하고, 벌레나 잠자리 등은 사실적으로 묘사하여 생동감을 가져다주며, 풀꽃들에 날아드는 나비나 벌의 표현도 세밀하게 그렸다. 신사임당초충도병은 강릉시 오죽헌의 율곡기념관에 소장되어 있다. 우리가 자주 만나는 지폐지만 그 속에는 우리가 몰랐던 식물 이야기가 숨어 있다.

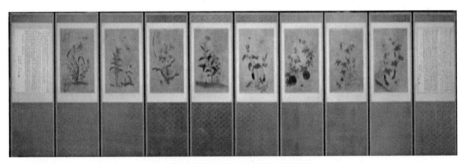

▲ 강원도 유형문화재 제11호 신사임당초충도병

오만 원

FIVE TEN THOUSAND WON

5만 원권은 대한민국에서 2009년 6월 23일에 최초 발행한 지폐이다. 1973년 만 원권 지폐 첫 발행 이후 36년 만에, 대한민국 최고액권의 지폐가 되었다. 그리고 대한민국 개국 이래 두 번째의 여성 모델의 지폐이자 원화에서는 최초의 여성 모델의 지폐이다.

5만 원권의 신사임당을 그린 사람은 일랑 이종상 화백이다. 서울대학교 미대 명예교수이다.

한국에서 실존 인물인 모자가 화폐 인물이 된 최초 사례이다. 세계적으로도 왕정제도가 폐지된 국가에서 혈연관계의 인물이 화폐에 같이 오르는 경우가 거의 없다는 점에서 이례적인 사례이다.

우리나라 최초의 모델이 여성인 지폐는 1962년 5월, 한국은행이 새로 발행한 100환 지폐이다. 한복을 입은 어머니와 색동옷 차림의 아들이 저축통장을 흐뭇하게 바라보는 '모자상'이다. 우리나라 최초의 공식 여성 화폐 모델은 바로 이 100환 지폐에 그려진 '어머니'다. 한국은행이 국내 지폐 도안에 무명의 인물을 채택한 것은 이것이 유일무이하다. 5만 원권의 신사임당보다 47년이나 앞서 우리나라 최초 여성 화폐의 주인공이 된 것이다. 남성도, 조선 시대 인물도 아닌 평범한 여성을 넣어 주목받은 100환 지폐, 그러나 이 지폐는 세상에 태어난 지 20여 일만에 제3차 화폐개혁 때 폐기되는 비운을 맞는다. 국내 화폐 역사상 '최단명 화폐'가 된 것이다. 이에 화폐수집가들은 손에 넣고 싶어 하는 귀한 화폐가 됐다.

5만 원권 지폐 앞면에는 신사임당의 '묵포도'와 '자수초충도병풍'의 '가지' 그림이 도안되어 있다.

묵포도는 비단 바탕에 그려진 수묵화로 세 송이의 포도와 줄기, 잎사귀 등이 윤곽선을 그리지 않고 먹으로 직접 그리는 몰골법으로 표현돼 있다. 먹의 묽기를 달리하여 포도알이 익은 농도를 생동감 있게 묘사하였고 넓은 잎과

포도송이의 배치는 보는 사람으로 하여금 안
정적인 구도를 선사한다. 싱싱한 줄기와 오래
된 줄기도 먹의 농도로 표현하였는데, 부드러
운 필치와 담백하고 섬세한 묘사로 여성적인
우아함이 느껴지는 작품이다. 묵포도 밑으로
그려진 '가지' 그림은 보물 제595호 '자수초
충도병풍(刺繡草蟲圖屛風)' 중의 하나이다.

　'자수초충도병풍'은 검정색 공단에 다양한
꽃과 풀이 곤충·파충류와 함께 자연스럽게
어우러진 정경을 수놓은 8첩 자수 병풍이다. 동아대학교박물관에 소장되었
으며 병풍에는 허백련의 발문이 있다.

　"율곡 선생 어머니 사임당 신부인은 여자 중의 군자이시다. 나는 평생에 부인을 숭
　모할 뿐만 아니라, 마치 자손이 조상을 대함 같이 하는 것이다. 이제 이 자수 병풍
　을 보니, 그 수놓는 법이 어떠하다는 것은 감히 논평하지 못하나 그 그림 법에 있어
　서만은 고상하고 청아한 품이 보통 도안 따위와는 견주어 말할 수 없다."

　5만 원권 앞면의 '가지' 그림은 8첩 '자수초충도병풍' 중 7첩에 수놓은
자수이다. 8첩까지 내용의 자수를 보면 다음과 같다.

▲ 보물 제595호 자수초충도병

제1첩에는 오이 덩굴이 뻗어 나가는 뒤로 들국화가 배치되고 몸을 세운 개구리 · 풀벌레 · 잠자리 · 벌들이 주위에 어우러진 모습을 표현하였다.

제2첩에는 화면 중앙에 맨드라미 2줄기와 도라지 1줄기가 수직으로 나란히 배치되고 지면에는 뒤를 돌아보는 도마뱀과 땅강아지가, 하늘에는 나비와 벌이 주위를 맴돌고 있다. 날개를 접은 큼직한 나비 한 마리는 맨드라미 꼭대기에 앉아 꿀을 따고 있다.

제3첩은 원추리꽃이 부드러운 곡선의 이파리 사이로 피어 있고 그 사이로 흰색과 보라색의 작은 국화가 수줍은 듯 고개를 내민 모습이다. 원추리가 솟아난 지면 근처에는 불규칙한 점으로 땅의 질감을 표현하였으며 납작하게 자라는 이름 모를 풀과 여치도 묘사되었다. 원추리 줄기에는 매미 한 마리가 매달려 있고 나비와 벌도 날고 있다.

제4첩의 중심 제재는 여주와 생쥐이다. 여주를 꽈리로 보는 견해도 있지만 열매 겉면의 오톨도톨한 돌기 표현과 땅에 떨어진 열매 속을 쥐가 파먹고 있는 모습을 보면 꽈리보다는 여주에 더 가깝다.

제5첩은 민들레 한 포기와 키 큰 패랭이꽃이 대칭에 가깝게 균형을 잡고 있는 구도인데 꽃과 잎을 펴서 납작하게 누른 듯한 평면적이고 도안화된 모습이다. 역시 땅에는 여치가 기어 다니고 나비와 벌들도 꽃 주변을 떠나지 못하고 있다.

제6첩에는 수박 덩굴이 사선을 이루며 뻗어 있고 화면 중앙의 수박이 무게 중심을 잡고 있다. 패랭이꽃과 들국화가 어우러지고 나비 · 벌과 풀벌레가 빠지지 않고 묘사되었다.

제7첩은 가지 줄기 사이로 가는 줄기의 바랭이풀 · 쇠뜨기 · 딸기 등이 조화를 이루고 있는 정경이다. 가지 꽃이 아직 달려 있고 하늘을 나는 나비는 푸른색 날개를 가진 화려한 자태이다.

제8첩은 풀벌레나 벌·나비 없이 들국화만으로 이루어진 점이 특징이다.

지폐의 뒷면에는 조선 시대의 뛰어난 회화작품 중에서 어몽룡의 월매도와 이정의 풍죽도가 보조 소재로 사용되었다. 뒷면 도안인 월매도와 풍죽도가 특이하게 세로 방향으로 인쇄되어 있다. 대한민국 지폐 사상 최초의 세로형 디자인이라는 점에서 파격적이다.

설곡 어몽룡의 '월매도'는 달밤을 배경으로 하늘로 곧고 힘차게 솟아 있는 매화 가지가 일품이다. 매화의 형태미를 중시해 휘어진 가지와 화려한

꽃을 중시한 조선 후기 '매화도'와는 달리 간소한 구도와 단출한 형태로 군자의 향기를 보여주고 있다. 매화를 통해 겸손하지만 뜻과 기개 드높은 선비의 정신을 잘 표현한 수작이다. 매화를 잘 그려 일지(一枝)라는 별명을 가진 어몽룡은 조선 제일의 묵매화가로 뽑힌다.

지폐의 월매도와 같이 도안된 것은 탄은 이정의 풍죽도이다. 이정은 묵죽화의 대가이다. 지폐 속의 풍죽도는 이정의 묵죽화 중에서도 절정의 기량과 최상의 품격이 돋보이는 걸작이다. 세찬 바람에도 굴하지 않는 선비의 절개가 돋보이는 작품이다. 이정의 풍죽도는 우리나라 최고

의 묵죽화이다. 당시 이정의 묵죽(墨竹), 황집중의 묵포도(墨葡萄), 어몽룡의 묵매(墨梅) 그림을 조선시대 삼절(三絶)이라 불렸다.

우리나라 화폐에는 여성이 없었다. 새로운 지폐에 여성이 들어간 것에는 대찬성이다. 하지만 우리나라 최고의 고액권에 신사임당이 들어간 것에는 아쉬움이 크다. 과연 신사임당이 우리나라를 대표할 만한 업적이 있을까? 현모양처의 표상을 빼고는 없는 것 같다. 그림도 조선을 대표하는 여류화가도 아니다. 그래서 개인적으로 토지를 집필한 박경리 선생을 넣었으면 우리나라 여성 작가의 위상도 알릴 겸 해서 더 좋지 않았을까 하는 개인적인 생각을 해본다.

북한

DEMOCRATIC PEOPLE'S REPUBLIC OF KOREA

북한의 공식 통화는 원으로 1947년에 지정되었다. 2009년 북한은 화폐개혁을 실행해 기존의 100원이 1원으로 바뀌게 되었다.

북한 지폐 100원의 앞뒷면에는 목란(*Magnolia sieboldii*)이 도안되어 있다. '목란'은 북한의 『조선말대사전』에 '목란과에 속하는 잎 지는 떨기나무의 한 가지로 봄에는 아름다운 흰색의 꽃이 핀다. 껍질은 잿빛이고 매끈하며 넓은 잎들이 어기어 난다. 나무는 굳세고 참신한 맛이 있다. 봄에는 새로 자란 가지 끝에서 크고 향기 있는 아름다운 흰색의 꽃이 한 개씩 피어난다. 가을에는 송이 모양의 열매가 달리며 그 속에 붉은색의 씨앗이 들어있다. 산골짜기나 중턱에서 넓은 잎나무들과 섞여 자란다. 우리 인민들이 제일 사랑하는 꽃 중의 하나이기 때문에 여러 곳에서 심어 기른다.'라고 풀이하고 있다.

국화는 나라를 대표하는 꽃이다. 법으로 국화를 제정하는 국가도 있지만 대체로 역사와 전통·문화 등과 깊은 관련이 있는 꽃으로 자연스럽게 정해져 왔다.

북한에서 목란이라는 꽃 이름은 김일성 주석이 직접 지은 것으로 되어있고, 1991년 국화로 지정하도록 지시했다. 북한에서 하얀 목란의 꽃잎은 깨끗하고 아름다운 인민을, 짙은 향기는 김일성 일가에 대한 인민들의 충성을 나타낸다. 그래서 목란은 수많은 노래와 미술 작품, 대형 건축물을 통해 형상화됐다. 그뿐만 아니라 목란을 혁명사적지와 혁명전적지 주변·거리와 공원·학교 등에 널리 심어 가꾸고 있다.

목란을 남한에서는 함박꽃나무라고 하고 산목련이라고도 한다. 한자 이름으로는 천녀화(天女化)라고 하여 '천상의 여인'에 비유하기도 한다.

북한의 100원 지폐에 도안된 목란은 북한의 국화다. 남한의 국화는 무궁화다. 만약 통일이 되면 어떤 꽃으로 국화를 정할지 궁금하다.

숲해설가가 들려주는
재미있는 역사와 식물 이야기

02

숲해설가가 들려주는 재미있는 역사와 식물 이야기

세계명화 속의
식물 이야기

WESTERN WORLD

서양 명화 속의
역사와 식물 이야기

폴 세잔

Paul Cézanne

폴 세잔(1839~1906)은 프랑스의 대표적 화가로서 현대미술의 아버지라고 부른다.

1852년 세잔은 친구들에게 괴롭힘을 당하던 가난하고 병약한 소년을 구해주었는데 그가 곧 소설가 에밀 졸라였다. 이후 두 사람은 어린 시절을 함께 보냈고 30여 년간 편지를 교환하며 예술을 논했다. 죽마고우였던 에밀 졸라와의 관계는 그가 대표작『루공마카르 총서』의 열네 번째 소설 속에 등장시킨 자살로 생을 마감하는 재능 없는 화가 클로드의 모델이 세잔이라는 이야기가 나오면서 파국을 맞았다. 작품 속에 등장하는 화가의 상황이 세잔 본인과 비슷했고 다른 등장인물들 또한 졸라를 비롯한 실제 인물들과 유사했기에 세잔은 큰 충격을 받았다. 졸라가 보내준 소설을 읽은 세잔은 1886년 그에게 "이렇게 훌륭히 추억을 담아주어 감사하다~"라는 내용의 편지를 보냈다. 그리고 30여 년의 우정에 결별을 선언하고 다시는 그와 만나지 않았다. 또 그해에 아버지가 세상을 떠난다. 이 두 가지가 세잔이 새로운 미술을 창조하는 계기가 된다. 유산을 물려받아 경제적으로 자유로워질 수 있었다는 점과 인간으로부터 멀어져 그림에만 전념할 수 있었기 때문이다.

아버지가 죽은 후 부인과 아들은 시내 아파트에서 따로 살게 하고 엑상 프로방스의 저택에서 어머니와 함께 지내며 '생트 빅투아르산' 연작을 그리게 된다. 이 기간 오직 이 산을 그리는 데만 전념했다. 이 산은 거의 1,000m 에 달하는 웅장한 산이며 돌산이라 눈에 확 들어온다. 세잔은 이 시기에 45점 이상의 수채로, 30점 이상의 유채로 이 산을 그린다. "나는 이곳에서 태어나서, 이곳에서 죽을 것이다."라고 할 만큼 고향 엑상프로방스를 사랑했다. 1906년 야외에서 그림을 그리다 쓰러졌고 세탁물 배달부에게 발견되어 마차에 실려 온 후 며칠 만에 숨을 거두었다.

가. 커다란 소나무와 생트 빅투아르산, 캔버스유채 66.8 × 92.3cm 코톨드미술관

이 작품은 전면에 소나무가 2그루가 있고 그 소나무 사이로 마을의 농촌 풍경이 펼쳐진다. 그리고 마을풍경 뒤로 멀리 생트 빅투아르산이 보인다. 이

소나무 아래서 비평가이자 훗날 세잔의 전기를 쓴 요하임 가스케와 대화를 나누었다고 한다.

소나무는 우리 민족의 상징성과 같은 나무이다. 소나무로 지은 집에서 태어나고 푸른 생솔가지를 꽂은 금줄을 치고 사악한 기운으로 보호받으며 지상에서 첫날을 맞는다. 아이가 자라면 소나무 우거진 솔숲이 놀이터가 되었다. 솔방울을 갖고 장난삼아 놀면서 솔 씨를 털어먹고 허기를 달랬다. 어른이 되고서도 소나무 껍질은 여전히 귀한 양식이 되었다. 이같이 수천 년 동안 초근목피라는 암울한 배고픔의 내력을 지탱해준 민중 역사의 어머니 같은 나무였다. 소나무를 먹고 솔 연기를 맡으며 살다 죽으면 소나무 칠성판을 지고 관 속에 들어가게 된다. 송판에 새겨진 북두칠성을 따라 자유로운 저승으로 안내받기를 원했다. 관도 소나무관이 최고였다. 초근목피의 민중에겐 어림없는 관이었지만 칠성판만큼은 송판으로 만들었다. 관 속에 담긴 육신이 소나무 숲에 묻히는 생을 살았다. 무덤가엔 둥그렇게 소나무를 심어 이승에다 저승을 꾸몄다. 우리는 이것을 '도래솔'이라고 했다. 위와 같이 우리 민족은 소나무와 같이 일생을 보내는 민족이다.

이런 소나무를 이역만리 프랑스의 유명한 화가인 폴 세잔의 그림에서 만나니 반갑다. 왠지 낯설지 않고 이웃집 아저씨가 그려준 정겨운 그림 같다. 그것은 늘 우리 곁에 있는 나무라서 그런 것 같다.

에두아르 마네

Édouard Manet

에두아르 마네(1832~1883)는 프랑스의 인상주의 화가이다. 19세기 현대적인 삶의 모습에 접근하려 했던 화가 중 하나로 시대적 화풍이 사실주의에서 인상파로 전환되는 데 중추적 역할을 하였다. 그의 초기작인 '풀밭 위의 점심 식사'와 '올랭피아'는 엄청난 비난을 일으켰으나 반면에 수많은 젊은 화가들을 주변에 불러 모으는 힘이 되었다. 이들이 후에 인상주의를 창조하였다. 이 그림들은 오늘날 현대미술을 창시한 분수령으로 여겨진다. 그의 화풍의 특색은 단순한 선 처리와 강한 필치, 풍부한 색채감에 있다.

가. 튈르리 공원의 음악회, 캔버스유채, 76 × 118cm 런던내셔널갤러리 209.

튈르리 공원의 음악회(La Musique aux Tuileries)란 작품은 1862년 마네가 아름드리 숲으로 우거진 튈르리 공원에서 벌어진 음악회 장면을 묘사한 그림으로, 당시 사교계의 풍경이자 프랑스 부르주아들의 인생이 적나라

하게 드러난 그
림이다. 과연 음
악회가 열리는
숲속의 아름드
리들은 무슨 나
무들일까? 마
네가 그린 그림
으로 봐서는 알기가 어렵다. 하지만 다른 화가가 튈르리 공원의 나무들을
정밀하게 그린 것이 있다면 알 수가 있을 것이다. 그 여정을 찾아가 보자.

튈르리 공원은 기와를 굽는 공장이 있던 곳이어서 기와 공장이라는 뜻의
'튈르리'로 불린다. 1564년 앙리 2세의 부인인 까뜨린드 메디치가 '르네상
스 양식'의 궁전과 정원을 만들었다. 루이 14세 때 정원 설계자인 '르노트
르'에 의하여 1664년 프랑스 양식의 공원으로 새롭게 단장했다. 왕족 전
용의 산책로로 이용되다가 '빼로'의 청원으로 일반인들의 휴식처로 이용되
기 시작했다. 이 튈르리 공원에서 음악회를 주제로 야외활동을 기념비적으
로 그린 것은 마네가 처음이다. 마네는 친구들의 모습을 종종 작품에 삽입
시켰는데, 이 작품에서도 본인을 비롯한 친구들이 그려져 있다. 이 작품에서
마네 친구들의 이름은 알 수 있지만, 나무 이름은 알 수가 없다.

그런데 같은 시대에 이 튈르리 공원을 그린 화가가 있다. 아돌프 폰 멘첼
(1815~1905)이다. 독일의 역사화가 겸 판화가로 바람에 흔들리는 커튼·침
실·옥외의 풍경 등 자기 주위의 것들을 주로 소재로 삼아서 그렸다. 광선
의 미묘한 뉘앙스를 포착한 풍경화로 인상파의 선구자이기도 하다.

나. 아돌프 폰 멘첼(1815~1905), 튈르리 정원의 오후,

캔버스유채 49 × 70cm 드레스데국립미술관

아돌프 폰 멘첼(1815 ~1905)이 마네의 '튈르리 공원의 음악회' 작품 발표 5년 후인 1867년에 같은 장소 인 '튈르리 정원의 오 후'란 작품을 내놓는 다. 이 작품에서는 튈르리 공원의 나무가 정밀하게 그려져 있어 어떤 나무인 지 금방 알 수가 있다. 잎의 개수가 7장이라서 이름 붙여진 칠엽수(*Aesculus turbinata*)이다. 마네와 아돌프 폰 멘첼이 그린 그림의 차이는 5년으로 같은 시대이다. 마네가 그린 '튈르리 공원의 음악회'와 아돌프 폰 멘첼이 그린 '튈르리 정원의 오후'의 작품 속 나무들이 5년 사이에 바뀌지 않았을 것이 다. '튈르리 정원의 오후'의 나무들이 곧 '튈르리 공원의 음악회'의 나무들 과 같은 나무이다. 그러므로 마네의 작품 '튈르리 공원의 음악회' 속의 나 무들은 대부분 칠엽수이다. 현재의 '튈르리 공원'의 아름드리 나무들도 대 부분 칠엽수이다.

칠엽수에는 2종류가 있는데 열매에 가시가 없는 일본칠엽수와 열매에 가 시가 있는 서양칠엽수가 있다. 서양칠엽수를 마로니에(marronnier)라고 부 른다. 그래서 칠엽수란 이름이 촌스럽다고 느껴지는 사람들은 마로니에라고 부르기를 더 좋아한다. 우리나라에 마로니에가 들어온 것은 20세기 초 네덜란드 공사가 고종에게 선물한 것을 덕수궁 뒤편에 심은 것이 처음이며, 지금은 아름드리 거목으로 자랐다. 서울 동숭동의 옛 서울대 문리대 캠퍼스에도 마로니에가 여러 그루 자라고 있다. 1975년에 서울대가 관악구로 옮겨가면서 공원을 만들었는데 이 공원에 마로니에가 있다고 하여 '마로니에 공원'이란 이름이 지어졌다.

마로니에 하면 1971년 박건의 최대 히트곡이자 불후의 명곡으로 꼽히는 '그 사람 이름은 잊었지만'이 생각난다. 그 노래 가사는 이렇다.

지금도 마로니에는 피고 있겠지
눈물 속에 봄비가 흘러 내리던
임자 잃은 술잔에 어리는 그 얼굴
아~ 청춘도 사랑도 다 마셔 버렸네
그 길의 마로니에 잎이 지던 날
루루 루루루 루 루루 루루루루루
지금도 마로니에는 피고 있겠지

이 노래를 처음 들었을 때 마로니에가 칠엽수 나무라는 것을 몰랐다. 그저 아득한 프랑스의 낭만적인 거리인 줄로만 알았다. 지금도 박건의 '그 사람 이름은 잊었지만'에 나오는 마로니에가 칠엽수란 것을 아는 사람은 적다. 마네의 '튈르리 공원의 음악회' 작품을 보고 있노라면 "지금도 마로니에는 피고 있겠지~"가 저절로 흥얼거려진다.

나. 아스파라거스 다발, 캔버스유채 46 × 55cm 발라프리하르츠 미술관

에두아르 마네(1832~1883)는 시대를 앞서간 예술가였다. 그의 작품은 거의 언제나 물의를 일으켰다. 하지만 마네를 싫어한 사람들도 그의 사물 묘사 능력만큼은 인정했다. 1879년 마네의 건강이 악화되었다. 매독으로 신경마비가 진행 중이던 시기에 '아스파라거스 다발'을 그렸다. 정물화로 소품이지만 매우 아름답고 뛰어난 작품이다. 흰 바닥에 초록색 잎이 깔려있고, 가는 버들가지로 묶은 아스파라거스 다발이 놓여 있다.

아스파라거스(*Asparagus officinalis*)는 유럽과 북아프리카, 남아시아가 원산지이며 채소로 경작되는 식물이다. 고대 이집트의 벽화에도 그려져 있을 정도로 사람이 먹기 시작한 것은 오래됐다. 유럽의 미식가는 구운 고기와 함께 즐겼다. 프랑스의 '태양왕' 루이 14세는 궁내에 전용 온실을 설치하고 '식품의 왕'이란 작위까지 하사했다고 한다. 우리나라엔 일본을 거쳐 1960년대에 들어왔다.

다. 아스파라거스 한 줄기, 캔버스유채 16 × 21cm, 오르세 미술관

수집가 **샤를 에프뤼시**(1849~1905)가 마네의 아틀리에에 들렀다가 아스파라거스 다발을 봤다. 에프뤼시는 러시아에서 건너온 유대계 사업가의 아

들이었다. 마네가 그림 값으로 800
프랑을 불렀다. 그러자 에프뤼시는
1000프랑짜리 수표를 써주고 갔
다. 마네가 그대로 있을 리 만무했
다. 마네는 작은 캔버스에 아스파
라거스 한 줄기를 잽싸게 그려 메

모와 함께 에프뤼시에게 보냈다. "당신이 가져간 다발에서 이게 떨어져 있었습
니다."

두 그림은 색채와 기법이 판이하다. 아스파라거스 다발은 밝은 색채를
다양하게 활용해 인상주의 정통 기법으로 그려졌다. 한편 '아스파라거스
한 줄기'는 단색으로 명암만 부각해 빠르게 그려졌다. 우연히 떨어진 것처
럼 아스파라거스 한 줄기가 테이블 모서리에 걸쳐 있다. 이런 사연을 생각하
면 두 그림이 나란히 전시되는 게 이상적이다. 하지만 두 그림은 현재 헤어
져 하나는 독일 쾰른에, 다른 하나는 파리에 있다.

아스파라거스 한 줄기의 이력은 비교적 단순하다. 에프뤼시가 죽을 때까
지 갖고 있다가 조카딸에게 상속돼 1905년 미술시장에 나왔다. 아스파라
거스 한 줄기는 결국 미술상 두 군데를 거쳐 파리 오르세미술관의 컬렉션이
됐다.

아스파라거스 다발은 독일로 건너가 파란만장한 여정을 시작한다. 에프
뤼시가 아스파라거스 다발을 처분한 것은 1900년쯤이다. 파리의 미술상
을 거쳐 독일의 분리파 의장인 인상주의 화가 막스 리베르만(1847~1935)
의 손으로 넘어갔다. 1933년 나치 정권이 들어서자 취리히로 보내졌다. 리베
르만은 나치의 압력으로 모든 직을 내놓고 은거하다 1935년 사망한다. 독

일 최고의 화가로 독일미술계를 좌지우지했던 거물이었다. 부인은 음독자살하고 딸 케네는 1938년 남편·딸과 함께 독일을 탈출했다. 이들은 스위스에 들러 리베르만의 수집품을 찾아 미국으로 가져갔다. 케네는 1952년, 남편은 1955년 세상을 떠났다. 리베르만의 수집품은 외손녀 마리아 화이트의 소유가 됐다. 발라프리하르츠 미술관 후원단체가 화이트로부터 136만 달러에 아스파라거스 다발을 사들였다. 그림은 영구 대여 형식으로 발라프리하르츠에 걸리게 됐다. 문제는 후원단체를 주도한 헤르만 요제프 압스(1901~1994)가 문제가 되었다. 압스는 예술 후원자로 부유하고 우아하게 살다 1994년 90세로 생을 마감했다. 하지만 1970년 한 출판사에서 압스의 나치 전력을 폭로한 저서가 출간되면서 문제가 되었다. 즉 아스파라거스 다발은 나치 전력을 가진 자의 후원을 받은 그림이다라는 오명이 붙은 것이다. 아스파라거스 다발 그림은 우리가 명화 앞에서 무조건 감탄만 해도 되는지 문제를 제기한 그림이기도 하다.

클로드 모네

Claude Monet

클로드 모네(1840~1926)는 프랑스의 인상주의 화가로, 인상파의 개척자이며 지도자다. 파리에서 출생하여 소년 시절을 르아브르에서 보냈다. 마네의 밝은 화풍에 끌려 밝은 야외 광선 묘사에 주력하였다. 마네를 중심으로 르누아르 · 피사로 · 드가 · 세잔 등과 함께 신예술 창조에 전력하였다. 모네는 1874년 제1회 인상파 전람회에 참석하였다. 그러나 출품된 작품이 물체 본래의 색깔을 쓰지 않고, 신선하고 밝은 색채로만 그려진 데 대해 비난과 공격을 받았다. 특히 '인상 · 해돋이'가 가장 심한 비난을 받았는데, '인상파'라는 말은 이때 모네의 작품을 야유한 데서 나온 말이다.

가. 풀밭 위의 점심식사, 캔버스유채 66.8 × 92.3cm 퓨시킨미술관

마네와 모네 참 헷갈리는 이름이다. 이름도 비슷하듯이 같은 인상파에다 같은 시대의 인물이다. 클로드 모네가 1886년에 그린 '풀밭 위의 점심 식사'란 작품 속에는 눈부시게 빛나는 나무가 그려져 있다. 눈썰미가 있는 사람은 "아~플라타너스네" 하고 말할 것이다. 원작에서는 온전한 플라타너스(Platanus occidentalis)를 보지 못한다. 하지만 1863년 원작을 위해 보다 작은 크기로 스케치한 작품 속에는 화려하고 눈부신 완전한 형태의 플라타너스를 볼 수 있다. 이 스케치 작품은 러시아 모스크바 푸슈킨미술관에 소장되어 있다.

나뭇잎 사이로 비치는 햇빛의 작용으로 달라지는 지면과 옷들의 색깔을 묘사하며, 빛의 세계에 빠져들던 '모네'는 1866년 '살롱 전' 출품을 위하여, 길이 6미터 높이 4.6미터의 대작을 그린다. 그것이 그의 기념비적인 '풀밭 위의 점심 식사'다. 그는 존경하던 선배 화가 '마네'에 대한 존경심과 그의 재능에 대한 헌정이면서 동시에 도전하고픈 의도에서 '마네'의 '풀밭 위의 점심 식사'와 똑같은 주제를 선정한다. 이 작품은 퐁텐블로 궁전이 위치한 숲에서 작은 사이즈로 완성한 후에 화실에서 대작으로 그린 것이다.

마네의 '풀밭 위의 점심 식사'는 1863년 낙선전에 전시되었을 때, 비평가들만큼 대중들도 경악했었다. 옷을 걸치지 않은 여인이 남성들과 풀밭 위에서 노는 모습이 너무나 외설적이라고 여겨졌기 때문이다. 그렇기 때문에 살롱전에서 낙선한 것이다. 그렇지만 마네의 작품은 젊은 작가들에게는 긍정적인 자극이 되었고, 그런 만큼 마네의 명성은 오히려 높아졌다. 그러한 점에서 모네는 같은 모티프의 작품을 통하여 마네와 같은 센세이션을 일으키고자 했던 것이다. 하지만 1866년 모네가 이 작품을 공개하려고 하기 직전, 낙선전은 더 이상 열리지 않게 되어 창고에 묻히게 되었다. 당시 집세가 모자랐던 모네는 집주인에게 이 작품을 담보로 맡겼다. 18년이 지난 1884년 작품을 찾았을 때는 곰팡이가 슬어 있었다. 복원하고자 모네는 3개의 판넬로 나누어 재생시켰는데, 이 중 하나는 분실되고 나머지 2점이 현재 오르세 미술관에 소장되어 있다. 그렇기 때문에 모네의 '풀밭 위의 점심 식사'에서 빛나는 플라타너스를 보려면 러시아 모스크바 푸슈킨미술관에 가야 한다.

플라타너스는 유럽과 미국이 원산지로 우리나라 말로 버즘나무다. 버즘나무는 1910년경 미국에서 들어와 가로수로 심어져 우리 가까이서 살고 있다. 버즘나무는 가로수를 위하여 태어난 나무라고 해도 과언이 아니다. 공해에 강해 자동차 매연이 심한 곳에서도 잘 자란다. 버즘나무의 넓은 잎은 오염된 공기를 정화하는 능력이 뛰어나다. '버즘나무'는 처음 우리나라에 들어온 나무의 껍질을 보고 학자들이 쉽게 버짐을 연상한 데서 나왔다. 가난하던 개화기 시절의 어린아이들은 머리를 빡빡 깎고 다녔다. 그런데 영양이 부족하여 흔히 마른버짐이 얼룩덜룩 생기는 경우가 흔했다. 버즘나무 껍질은 갈색으로 갈라져 큼지막한 비늘처럼 떨어지고, 떨어진 자국은 회갈색으로 남아서 마치 버짐을 보는 듯했다. 하필이면 아름다운 나무에 지저분한 피부병을 상징하는 이름을 붙였느냐고 사람들은 불평한다. 차라리 영어 이름인 플라타너스를 그대로 쓰자는 의견도 많다. 북한은 낙엽 진 겨울날 기다란 끈에 방울처럼 대롱대롱 매달려 있는 동그란 열매의 특징을 살려 '방울나무'란 아름다운 이름을 붙였다. 버즘나무에는 3가지 종류가 있는데 흔히 우리 주위에서 보는 플라타너스는 대부분 미국에서 들여온 양버즘나무다. 유럽의 버즘나무와 미국의 버즘나무가 접목된 것이 단풍버즘나무다.

플라타너스 하면 1913~1975년에 걸쳐 한국 현대사의 격동기를 살다 간 서정시인 김현승의 대표작 '플라타너스'가 생각난다.

플라타너스 / 김현승

꿈을 아느냐 네게 물으면

플라타너스

너의 머리는 어느덧 파아란 하늘에 젖어 있다

너는 사모할 줄을 모르나

플라타너스

너는 네게 있는 것으로 그늘을 늘인다

먼 길에 올 제

호올로 되어 외로울 제

플라타너스

너는 그 길을 나와 같이 걸었다

이제 너의 뿌리 깊이

영혼을 불어넣고 가도 좋으련만

플라타너스

나는 너와 함께 신이 아니다!

수고로운 우리의 길이 다하는 어느 날

플라타너스

너를 맞아줄 검은 흙이 먼 곳에 따로이 있느냐?

나는 오직 너를 지켜 네 이웃이 되고 싶을 뿐

그곳은 아름다운 별과 나의 사랑하는 창이 열린 길이다

  이국적인 나무이면서도 우리에게 친숙해져 버린 나무 플라타너스가 모네의 '풀밭 위의 점심 식사'를 하는 12명의 사람에게 시원한 그늘을 선사하고 있다.

■■
폴 고갱

Paul Gauguin

폴 고갱(1848~1903)은 프랑스의 후기인상파 화가이며, 파리에서 태어났다. 생전에는 평가받지 못했다. 생의 마지막 10여 년을 타히티를 비롯한 프랑스령 폴리네시아에서 생활하며 작업하였고 이 시기 작품들이 그의 대표작이 되었다. 고갱의 작품은 파블로 피카소나 앙리 마티스와 같은 프랑스 아방가르드 작가들에게 영감을 주었다. 고갱 사후 파리에서 두 번의 유작전을 개최함으로써 명성을 얻게 되었다.

가. 작약 화분과 만돌린이 있는 정물,

1885, 캔버스유채 오르세미술관

고갱의 고난 시기에 그려진 작품 중에서 가장 걸작으로 여겨지는 것이 1885년 작품으로 오르세 미술관에 소장되어있는 '작약 화분과 만돌린이 있는 정물'이다. 꽃봉오리와 함께

활짝 핀 작약(*Paeonia lactiflora*) 7송이가 파란 화분에 가득하다. 작약은 이름 그대로 뿌리가 약이 된다고 하여 작약이 되었다. 꽃 모양이 비슷한 모란과 오인되기 쉬운데, 두 식물은 모두 엄연히 다른 식물이다. 다만 둘 다 아름다운 꽃으로 미인에 비유된다.

나. 미루나무들이 있는 풍경, 폴 고갱,

'미루나무(*Populus deltoides*)들이 있는 풍경'은 1875년 작품이다. 폴 고갱은 군 생활을 마치고 파리로 돌아와 증권회사에 취직하였다. 당시 고갱의 나이는 23세였다. 고갱은 성공한 파리지앵 증권 중개인이 되어 11년을 근무하였다. 높은 수입으로 안정된 생활을 이어갔다. 또한 미술품 거래에서도 많은 돈을 벌었다. 즉 미루나무들이 있는 풍경은 고갱이 화가로 전업하기 전 일생에서 가장 풍요로운 시기인 증권회사에 다닐 때 취미로 그린 작품이다.

2000년 가을에 개봉한 영화 '공동경비구역 JSA'는 남북화해 무드를 타고 '대박'을 터뜨린 영화로 유명하다. 민족의 비극이 응어리져 있는 판문점,

▲ 8·18 판문점 도끼만행 사건

1976년으로 역사의 수레바퀴를 되돌려 보면 아슬아슬한 순간이 있었다. 광복절이 며칠 지난 8월 18일, 공동경비구역 내 연합군 초소 부근에서 미군과 한국군은 미루나무 가지치기를 하고 있었다.

그때 감독하고 있던 미군 장교 두 명이 북한군 50~60명에게 도끼로 무참하게 살해당한 사건이 터진 것이다. 세계의 눈은 모두 이 미루나무에 쏠리고 죄 없는 우리 국민은 혹시 전쟁이라도 터질까 봐 말 그대로 사시나무 떨듯 했다. 며칠 후 간신히 안도의 숨을 내쉬었다. 미루나무가 지구상에 나타나고 나서 이만큼 집중조명을 받은 일은 전에는 물론 앞으로도 두고두고 없을 것이다.

미루나무는 개화 초기에 유럽에서 수입하여 심기 시작했다. 사람들이 아름다운 버드나무란 뜻으로 '미류(美柳)나무'라고 부르던 것이 국어 맞춤법 표기에 맞추어 '미루나무'가 되었다. 거의 같은 시기에 '양버들'이란 나무도 대량으로 같이 들어오면서 두 나무의 이름에 혼동이 생겼다. 옛 시골길을 달리다 보면 줄기는 곧고 가지는 모두 위를 향하여 마치 빗자루를 세워둔 것 같은 모양의 나무가 양옆으로 사열하듯이 서 있는 길을 만나게 된다. 이 나무는 양버들이지만 대부분 사람은 미루나무라고 알고 있다. 지금의 가로수가 은행나무나 양버즘나무인 것과는 달리 개화기의 신작로에는 키다리 양버들이 주를 이루었다.

미루나무는 전국에서 심고 있는 갈잎나무로서 생장이 빨라 나무는 연하고 약하여 힘 받는 곳에는 쓸 수 없다. 주로 성냥개비·나무젓가락·펄프 원료로 이용되는 것이 전부다. 원래 산에 심어 나무로 이용하려는 목적이 아니었기 때문에 가로수로 제 기능을 다했다면 이 정도의 쓰임새로도 아쉬움이 없다.

미루나무와 양버들은 일반인들에게는 혼동될 만큼 비슷하게 생겼다. 미루나무는 가지가 넓게 퍼지며 잎의 길이가 지름보다 더 길어 긴 삼각형 모양이고, 양버들은 가지가 퍼지지 않아서 커다란 빗자루 모양을 하고 있으며 잎의 길이가 지름보다 더 짧아 밑변이 넓은 삼각형 모양이다. 이태리포플러도 미루나무와 혼동되는데, 새잎이 붉은빛이 돌고 하천부지 등 우리 주변에서 흔히 볼 수 있는 것은 주로 이태리포플러다.

미루나무 하면 박목월의 흰 구름이란 동시가 생각난다.

흰 구름 / 박목월

미루나무 꼭대기에 조각구름이 걸려있네
솔바람이 몰고 와서 살짝 걸쳐놓고 갔어요
뭉게구름 흰 구름은 마음씨가 좋은가 봐
솔바람이 부는 대로 어디든지 흘러 간대요

'작약이 있는 정물'과 '미루나무들이 있는 풍경'은 고갱의 일생 중에서 완전히 다른 시기에 태어난 작품이다. 즉 '미루나무들이 있는 풍경'은 고갱의 풍요를 '작약이 있는 정물'은 고갱의 고난을 보여준다. 미루나무와 작약의 작품 속에는 고갱의 파란만장한 일생이 담겨 있다.

오귀스트 르누아르

Auguste Renoir

'행복을 그린 화가' 오귀스트 르누아르(1841~1919)는 프랑스의 대표적인 인상주의 화가이다. 프랑스에서 가난한 재단사 아들로 태어난 르누아르는 가난한 집안 형편 탓에 학교도 제대로 다니지 못했다. 화가의 꿈을 간직한 그는 프랑스 최고의 국립대학교 에꼴데 보자르에 입학하게 되면서 화가로서의 길을 걷는다. 밝고 환한 색의 색감으로 풍경화를 그리며 그림을 보는 상대방의 마음까지 염두에 두고 작업했다.

그의 화풍은 인상주의의 특징인 서로 맞닿아 흐릿해진 색채들은 물론 대담한 색채, 명암의 교차, 관능적인 여성 누드화를 그려냈다. 그는 기쁨과 행복으로 가득 찬 화가의 따뜻한 시선을 통해 세상의 아름다움을 그려냈는데, 그는 정작 어렵고 힘든 생활을 했다. 하지만 그의 그림은 언제나 밝고 환하고 즐거움 가득한 세상이 담겨 있다.

가. 국화꽃병, 캔버스유채 81 × 65cm 루앙보자르미술관

르누아르의 '국화꽃병'은 1890년 작품으로 프랑스 루앙 보자르 미술관에 소장되어 있다. 푸른 화병에는 화병
이 넘어질 정도로 만개한 국화가 풍성하
게 꽂혀있다. 색채의 화가답게 흰색부터
붉은색까지 눈부시게 빛나는 국화로 인
해 마음이 행복해진다. 이렇듯 르누아르
는 밝고 환하고 즐거운 세상을 꿈꾸었던
화가이다. 그러나 그의 삶은 정반대였다.
르누아르의 '국화꽃병' 작품 속의 국화
(*Chrysanthemum morifolium*)들은 화려하기

짝이 없다. 하지만 국화는 가을꽃으로 영전에 바쳐지는 엄숙함과 쓸쓸함의
상징이다. 그리고 우리나라 가을 들판을 수놓는 대표적인 꽃이며 '국화 옆
에서'란 가슴에 사무치는 시가 생각나는 꽃이기도 하다.

국화 옆에서 / 서정주

한 송이의 국화꽃을 피우기 위해
봄부터 소쩍새는
그렇게 울었나 보다

한 송이의 국화꽃을 피우기 위해
천둥은 먹구름 속에서
또 그렇게 울었나 보다

그립고 아쉬움에 가슴 조이던
머언 먼 젊음의 뒤안길에서
인제는 돌아와 거울 앞에 선
내 누님같이 생긴 꽃이여

노오란 네 꽃잎이 피려고
간밤엔 무서리가 저리 내리고
내게는 잠도 오지 않았나 보다

오딜롱 르동

Odilon Redon

오딜롱 르동 (1840~1916)은 독특하고 신비로운 환상의 세계를 창조하여 상징주의 미술의 선구자로 평가받는 판화가·데생·파스텔 화가이다. 르동은 모네와 같은 해에 태어났고 인상파의 시대를 살았지만 눈에 보이는 그대로의 세계, 당대의 일상을 재현하는 데 몰두했던 인상주의자들과는 관심사가 정반대였다.

그에게 의미 있었던 것은 보이는 실재가 아니라 '느껴진' 실재였다. 그는 눈보다는 '상상력'을 통해, 일상이 아니라 악몽이나 유토피아 등 화가의 내면세계를 그렸다. 묘사를 통해 재현하기보다는 암시적으로 표현하는 것이 미술의 지향이라고 했다.

그러나 나이 후반에 들어서자 돌연 이변이 발생한다. 흑백의 어두운 색채에서 꽃가루가 춤추듯 오색을 흩뿌려 머금는 감미로운 색채로 변한다. 만년은 파리 교외에 집을 짓고 화초를 심으며, 파스텔과 유화물감을 사용하여 강렬한 색채의 꽃 그림을 그린다. 20세기 야수파 프랑스 화가이면서 파블로 피카소와 함께 '20세기 최대의 화가'로 불리는 앙리 에밀브누아 마티스(Henri Émile-Benoit Matisse)는 희망과 빛이 넘쳐나는 오딜롱 르동의 꽃 그림에 열광했다.

가. 파란 화병의 아네모네, 종이에 파스텔 63.8 × 62.6 프티팔레미술관

르동의 후반기인 1912년에 그린 파란 화병의 아네모네의 작품이 르동의 대표적인 꽃 그림이다. 아네모네(*Anemone coronaria*)는 지중해 연안이 원산지로 미나리아제비과 식물이다. 아네모네는 아네모스(Amemos)바람에서 꽃 이름이 유래되었고, 각양각색의 꽃잎을 가지고 있다. 붉은색·흰색·분홍색·자주색·노란색·하늘색 등으로 다양하다.

꽃의 여신 플로라의 머리를 빗겨주던 아네모네라는 시종이 있었는데 플로라의 남편인 바람의 신 제피로스와 바람이 나서 분노한 플로라가 그녀를 아네모네로 만들어 버렸다고 한다. 그래서 아네모네의 꽃말은 기다림과 이룰 수 없는 사랑이다.

오딜롱 르동의 파란 화병의 아네모네를 보고 전반기 작품들을 보면, 마치 2명의 각기 다른 르동이 그린 착각이 든다. 아네모네의 각양각색의 꽃처럼 르동의 일생도 반전에 반전의 삶이었다.

빈센트 반 고흐

Vincent Van Gogh

가. 폴 가셰의 초상 1, 캔버스유화 67 × 56cm 개인 소장

'폴 가셰의 초상'은 두 작품으로 만들어졌는데 두 작품 모두 반 고흐 생애의 마지막 달인 1890년 6월에 완성되었다. 두 그림 모두 폴 가셰가 오른쪽 팔에 얼굴을 괴고 몸을 기울여 탁자에 앉아있다. 탁자 위에는 식물이 있는데 첫 작품에서는 유리잔에 담겨 있고 두 번째 작품에서는 그냥 탁자 위에 놓여 있다. 이 식물이 디기탈리스(*Digitalis*

purpurea)라는 식물이다. 꽃말은 '열애, 나는 애정을 숨길 수 없습니다.'로 사랑하는 연인에게 사랑 고백을 할 때 딱 좋은 꽃이다. 꽃말과 다르게 잎에는 강한 독성을 지니고 있다. 약용으로 사용되는 식물이기도 하다. 반 고흐의 마지막 유작으로 파란만장했던 그의 일생만큼이나 디기탈리스도 험난한 여정을 겪는다. 그 운명의 여정을 떠나보자.

1990년 5월 15일 미국 뉴욕 크리스티 경매장. 경매번호 21번 '디기탈리스가 그려진 가셰의 초상' 순서가 돌아왔다. 경매 시작가는 2,000만 달러. 100만 달러씩 호가가 올라갔다. 3,500만 달러에서 한 번 멈칫하더니 이후 거침없이 올라 순식간에 5,000만 달러를 돌파했다. 치열한 경합이 계속됐고 예상가 3,500만~5,000만 달러의 두 배에 육박하는 7,500만 달러에서 호가가 멈췄다. 객석에서 소름 끼친다는 듯 탄성이 터져 나왔다. 수수료 포함 8,250만 달러에 낙찰된 것이다. 미술품 경매 사상 세계 최고가다. 생전에 딱 한 점밖에 팔리지 않았던 빈센트 반 고흐의 그림이 세계 미술시장을 평정하는 순간이다.

빈센트 반 고흐(1853~1890)는 네덜란드 화가로 일반적으로 서양 미술사상 가장 위대한 화가 중 한 사람으로 꼽힌다. 그의 작품은 정신질환을 앓고 자살하기 전의 10년 동안에 만들어졌다. 그는 살아있는 동안 성공을 거두지 못하고 사후에 비로소 알려지기 시작했다.

반 고흐는 흔히 후기인상주의 화가로 분류되며, 또한 인상파 · 야수파 · 표현주의에 미친 영향이 막대하다.

1890년 5월, 프랑스 생 레미 요양원을 나온 고흐는 아를을 떠나 파리 교외의 작은 마을 오베르 쉬르 우아즈로 옮겼다. 거기서 동생 테오 소개로 정신과 의사 폴 가셰를 만났다. 한 달 뒤 가셰는 고흐의 정신병이 치유됐다고 진단했다. 이에 화답이라도 하듯 고흐는 가셰의 초상과 함께 디기탈리스를 그렸다. 바로 디기탈리스가 피어나는 순간이다.

폴 가셰(1828~1909)는 프랑스의 의사로 활동하면서 파리 인근의 작은 마을인 오베르에 개인병원을 운영했다. 반 고흐가 죽기 전까지 주치의였다. 다른 유명한 화가들의 담당 의사이기도 했다. 피사로·마네·세잔·르누아르도 그에게 진료를 받았다. 피사로가 테오에게 가세를 소개하고 테오가 가세를 찾아가 형을 부탁한다. 의사인 가세가 유명한 화가들과 가까이 친해질 수 있었던 것은 자신도 화가로 활동하면서 작품 수집가였기 때문이다. 재미있는 점은 고흐가 남긴 기록에 보면 "가세는 나보다 더 아픈 것 같다."라고 했는데 실제로 가세 박사는 우울증을 앓았다고 한다. 그의 아들은 아트딜러가 됐고 아버지가 수집한 작품들은 그가 죽기 전 프랑스에 기증하여 루브르박물관에 소장되어 있다.

운명의 1890년 7월 어느 일요일 고흐는 화구를 들고 그림을 그리러 나갔다가 권총으로 자신을 쏘았다. 고흐는 동생 품에서 열정적인 서른일곱 해의 삶을 마감했다. '디기탈리스'는 고흐가 그린 최후의 꽃이 됐다.

디기탈리스꽃은 당시 강심제로 이용됐다고 한다. 당시 가세가 동종요법으로 정신 치료를 할 때 사용한 꽃이다. 노란색 표지의 책은 『마네트 살로몽』이란 책이다.

▲ 빈센트 반 고흐 초상

고흐가 세상을 떠나고 '디기탈리스가 그려진 가세의 초상'은 동생 테오에게 넘어갔다. 이듬해인 1891년 동생마저 세상을 떠나자 동생의 부인 요한나 반 고흐 봉허르는 그림을 네덜란드 암스테르담으로 가져갔다. 1893년 '디기탈리스가 그려진 가세의 초상'은 덴마크 코펜하겐에서 전시를 통해 처음 대중과 만났다.

이후 이 그림은 여러 사람 손을 거쳤다. 1904년 6번째 소장자인 독일인 수집가 파울 카시러가 그림을 독일로 가져갔다. 이때부터 독일 소장자들은 '디기탈리스가 그려진 가셰의 초상'을 독일 문화계에 적극 소개했다. 디기탈리스가 그려진 가셰의 초상은 '슈테델미술관'에서 유명 화가의 작품들과 전시됨으로써 그림의 존재감을 드높였다.

덕분에 1920년대 들어 고흐에 대한 관심이 널리 확산됐다. 고흐의 전기와 관련 논문이 발표되기 시작했다. 1930년대가 되자 '고흐는 간질병 환자이며 디기탈리스 꽃이 있는 가셰 초상은 정신병 말기 증상에서 나온 그림'이라는 주장이 나왔다. 가셰가 입은 재킷의 구불구불한 선이 정신착란의 징후이며, 그렇기에 관람객이 저항할 수 없는 힘에 의해 끌려간다는 분석이다. 정신분열증인지, 간질병인지 단정할 수 없지만 두 주장의 반향은 적지 않았다. 하지만 최근엔 어느 하나의 증상 안에 고흐를 가둘 수 없다는 의견이다. '고흐의 그림이 개성적이었듯 그의 병도 개성적이기에 어떤 병명으로도 고흐를 규정할 수 없다.'는 얘기다.

1933년 독일을 장악한 아돌프 히틀러는 그의 입맛에 맞게 예술을 통제하기 시작했다. 그 대표적인 사례가 '퇴폐미술전'(1937년 뮌헨 개최)이다. 나치는 퇴폐 미술이라는 누명을 씌워 수많은 예술가를 겁박하고 예술품을 통제하고자 했다.

퇴폐미술전을 앞두고 나치는 출품작을 마련하고자 전국 곳곳의 미술관과 갤러리, 개인 소장가 소장품을 뒤졌다. '디기탈리스가 그려진 가셰의 초상'도 몰수 목록에 포함됐다. 그러나 몇 차례 조사에도 슈테델미술관 지붕 아래 작은 다락방에 감춰놓은 '디기탈리스가 그려진 가셰의 초상'이 나치 눈에 띄지 않았다. 이를 두고 슈테델미술관 관계자는 훗날 이렇게 회고했다.

"디기탈리스가 그려진 가셰의 초상이 어떻게 그 강도들의 수천 개 눈을 피할 수 있었을까. 도무지 그 이유를 알 수가 없다."

퇴폐미술전이 끝나자마자 나치는 미술품 1만6000여 점을 미술관에서 빼앗거나 불에 태워버렸다. '디기탈리스가 그려진 가셰의 초상'은 일단 이 위기를 피했다. 우여곡절 끝에 네덜란드로 옮겨지고 1938년, 유대인 은행가 크라마르스키가 이 그림을 매입했다. 크라마르스키는 고민 끝에 미국행을 택했다. 생존을 위한 결정이었다. 1939년 그는 디기탈리스와 함께 영국 런던으로 향했고, 이후 디기탈리스를 먼저 미국 뉴욕으로 보냈다. 주인 없이 홀로 뉴욕에 도착한 '디기탈리스가 그려진 가셰의 초상'은 더욱 유명해지기 시작했다. 특히 세계 미술의 중심이 파리에서 뉴욕으로 옮겨가던 시대 상황과 맞아 떨어졌다. 제2차 세계대전이 끝나고 미국 경제가 풍요로워지면서 미술품에 대한 수요가 증가하고 가격이 상승하던 시절이었다.

고흐도 미국에서 유명해지기 시작했다. 미국으로 돌아온 크라마르스키는 1940년대부터 1970년대까지 6번이나 메트로폴리탄미술관에 '디기탈리스가 그려진 가셰의 초상'을 대여해 전시하도록 했다. 1984~1990년에는 메트로폴리탄미술관에 6년 동안 작품을 빌려줬다. 세계 최고 수준의 미술관에서 '디기탈리스가 그려진 가셰의 초상'은 6년 내내 관람객·수집가·연구자 등과 만났다. 이후 고흐의 연구는 절정에 올라섰다.

그리고 1990년 5월 15일, '디기탈리스가 그려진 가셰의 초상'은 마침내 크리스티 경매에서 세계 미술품 경매 최고가 신기록을 세웠다. 그림이 탄생한 지 100년, 고흐가 사망한 지 100년, 그리고 그림이 미국으로 망명한 지 51년 만의 일이다.

당시 낙찰자는 일본 다이쇼 제지회사의 사이토 명예회장이었다. 낙찰가 8,250만 달러는 미술계를 경악게 했다. '디기탈리스가 그려진 가셰의 초상'은 1890년 탄생과 동시에 주인 고흐를 잃었다. 이후 동생 테오와 동생 부인 요한나를 포함해 무려 13명의 소장자를 거쳤다. 유족 · 예술가 · 화상 · 은행인 · 공공미술관 · 나치 · 일본 기업인 등 소장자 면면도 다채롭다. 그들의 소장 동기나 소장 과정도 다양하다. 개인적인 예술 취향부터 재산 축적 · 정치 탄압과 함께 국경을 무수히 넘나들었다. 프랑스 · 네덜란드 · 프랑스 · 덴마크 · 독일 · 프랑스 · 독일 · 네덜란드 · 미국 · 일본, 인류가 남긴 미술품 가운데 이렇게 국경을 많이 넘나든 작품이 또 있을까 싶을 정도다.

1990년 경매 이후 '디기탈리스가 그려진 가셰의 초상'은 대중으로부터 폭발적인 인기를 얻게 됐다. 사실 그 전까지만 해도 '디기탈리스가 그려진 가셰의 초상'은 대중에게 그리 널리 알려진 것은 아니었다. 1990년 경매는 '디기탈리스가 그려진 가셰의 초상'을 알리는 데 결정적인 구실을 했다. 하지만 진정으로 기억할 것은 경매 순간이 아니다. 이 작품이 그때까지의 수난을 견뎌낸 과정이다. 그리고 그 중심에 '디기탈리스'란 식물도 있었다.

나. 폴 가셰 초상 2, 캔버스유화 67 × 56cm 오르세 미술관

1890년 고흐는 '디기탈리스가 그려진 가셰의 초상'을 한 점 더 그렸다.

그림을 본 가셰가 똑같은 것을 하나 더 그려달라고 부탁하자 이에 따른 것이다. 일종의 레플리카(복제품)라고 할 수 있다. 이 그림은 가셰 유족이 소유하다 1949년 프랑스 정부에 기증했다. 지금은 오르세 미술관에 있다. 그런데 뉴욕으로 망명한 작품과 비교해보면 여러모로 차이가 난다. 화면 구성, 붓 터치, 색조·생동감 등에서 뉴욕 망명작에 비

해 다소 부족해 보인다. 특히 전체적인 분위기가 절절하게 다가오지 않는다. 레플리카의 한계일까. 수난을 감내하는 과정이 없었기 때문일까.

고흐는 떠났지만 그의 그림 '디기탈리스가 그려진 가셰의 초상'은 130년을 살아남아 이렇게 말한다. 수모를 견디는 것, 그것이 가장 중요하다고. 그 과정에서 명작이 만들어지고, 명작은 우리에게 삶의 가치를 다시 보여준다. 상처받은 영혼과 인간 본질에 대한 탐구, 이것이 이 초상화의 진정한 매력이다. '디기탈리스가 그려진 가셰의 초상'은 그래서 가장 고흐 적이다.

고흐 시대의 디기탈리스는 안정제·간질 치료제·우울증 치료제·수면제로 쓰였다. 특히 디기탈리스를 남용하면 사물이 노랗게 보이는 황색시증이 나타난다. 디기탈리스에는

▲ 디키탈리스

강심배당체인 디기톡신과 디곡신이 들어있다. 디기탈리스는 유럽에서 가장 아름답다는 명성을 얻을 만큼 화려한 꽃송이가 매력적이다. 디기탈리스는 라틴어 'digitus(손가락)'에서 유래한 것이다. 통 모양의 꽃부리가 손가락에 끼우는 골무와 비슷하다. 꽃 모양에서 '요정의 골무' '마녀의 종' '요정의 모자' 같은 여러 가지 별명도 나왔다. 실제로 디기탈리스는 오랜 세월에 걸쳐 민간에서 심장 자극제로 사용됐다. 심장 풀이란 이름이 붙은 것도 이 때문이다. 재미있는 사실은 디기탈리스가 다른 식물의 성장을 촉진하는 효능이 있다는 점이다. 토마토·감자 같은 식물 근처에 디기탈리스가 있으면 이들의 성장이 빨라진다. 특히 디기탈리스잎을 꽃병 속 물에 섞으면 시들어 가던 꽃이 다시 생기를 찾기도 한다.

고흐가 세상을 떠나자 유랑이 시작된 디기탈리스다. 하지만 모진 고난과 역경을 딛고 새로운 세상을 만나 고흐와 함께 활짝 피어난 꽃이다.

다. 별이 빛나는 밤, 캔버스유채 73.7 × 92.1cm 뉴욕현대미술관

고흐의 '별이 빛나는 밤'의 작품을 보면 둥글둥글 돌아가는 동그라미가 눈에 들어오고 마을과 교회가 보인다. 마을 앞으로 검은 불꽃이 하늘로 올라가는 것이 있다. 그 검은 불꽃 모양이 사이프러스(*Cupressus sempervirens*)라는 나무이다.

고흐는 위대한 화가, 저주받은 화가, 괴팍한 화가 등 그에게 붙여진 수식어도 많다. 독특한 형식의 그림을, 그가 살아 있는 동안 아무도 인정해 주지 않았다. 가난과 좌절로 일생을 보냈다. 고흐의 그림에는 유난히 식물이 많이 등장한다. 해바라기와 붓꽃이 있으며, 올리브 과수원이 펼쳐지고 밀밭이 대지의 바닥을 깔고 있다. 말년을 보낸 프랑스 남부 지중해에 가까운 아를과 생레미에서 그린 그림에는 언제나 나무와 풀과 꽃이 들어있다. 그의 수많은 식물 그림 중 하늘을 향하여 도발적으로 솟아오르는 나무 그림이 있다. 보통의 타원형 나무가 갖는 편안함과 안정감보다는 뻗어 나가려는 강렬한 욕망이 녹아있는 모습이 인상적이다. 길지 않은 화가의 길을 걷는 동안, 그가 운명처럼 겪었던 비참한 현실에 대한 울분이 그대로 배어 있다. 그 나무가 사이프러스란 나무다. 프랑스 남부에서 이탈리아의 북부를 거쳐 튀르키예에 이르는 지중해 연안에 주로 자란다. 사이프러스, 우리에게는 생소한 나무이다. 1889년 6월 25일 고흐가 테오에게 보낸 편지에 사이프러스 이야기가 나온다.

"나는 사이프러스의 매력에 푹 빠졌다. 나의 해바라기 그림처럼 지금까지 시도해 본 적이 없는 새로운 방식의 그림을 창조해 낼 것 같기도 하구나. 사이프러스 나무들은 항상 내 마음을 사로잡는다. 그것을 소재로 '해바라기'같은 그림을 그리고 싶다. 사이프러스 나무를 바라보다 보면 이제껏 그것을 다룬 그림이 없다는 사실이 놀라울 정도다." - 반 고흐, 영혼의 편지 중-

해바라기 같은 그림을 그리고 싶다고 할 정도로 사이프러스에 매력을 느꼈던 고흐, 그럼 그림 속에서 사이프러스 나무는 어떤 것일까? 이렇게 표현하였다.

"이집트의 오벨리스크처럼 아름다운 선과 균형을 가졌다. 그리고 그 푸름에는 그 무엇도 따를 수 없는 깊이가 있다. 태양이 내리쬐는 풍경 속에 자리 잡은 하나의 검은 점, 그런데 이것이 바로 가장 흥미로운 점은 색조들 중 하나다. 내가 원하는 것을 정확히 표현해내기란 참 어렵구나." -반 고흐, 영혼의 편지 중-

이러한 사이프러스의 형태적 특성으로 우리가 익히 보아온 잘 이발된 나무, 토피어리가 시작되기도 했다. 측백나무과로 소나무처럼 솔방울을 맺는다. 하지만 목재로 이용할 수가 없고, 열매는 독이 있고, 폭이 좁아 그늘도 드리울 수

▼ 사이프러스

없다. 그러나 영토를 경계 짓기에는 제격이다. 그냥 세워만 둬도 울타리로서의 제 역할을 한다. 그래서 유럽식 정원에 잘 어울린다. 그럼 반 고흐는 왜 사이프러스를 선택했을까?

죽음과 슬픔의 상징이 사이프러스의 내면이다. 태양신 아폴론은 키파리소스라는 소년을 매우 총애했다. 키파리소스는 케오스섬에 사는 건장한 수사슴과 둘도 없는 친구였다. 그러나 어느 날 실수로 창을 잘못 던져 수사슴을 죽이고 말았다. 키파리소스는 슬픔을 견디지 못하고 따라 죽으려 했으나 아폴론이 허락하지 않았다. 그러자 그는 아폴론에게 자신을 영원히 애통해하는 존재로 만들어 달라고 간청했다. 아폴론은 키파리소스의 소원을 듣고 그를 음침하고 축 늘어진 사이프러스로 만들어 주었다.

아무리 고흐가 화사한 노란색을 좋아하고, 그의 작품에 많은 꽃을 담는

해바라기 화가가 되었지만, 그의 작품은 그의 인생처럼 어딘가 무겁고 어둡다. 사이프러스의 진실처럼 음침하고 축 늘어져 있었을 것이다. 오벨리스크처럼 태양의 신을 따라 하늘 높이 오르고 싶지만, 땅에 붙은 채 어둡고 짙푸른 사이프러스를 보고 고흐는 본인의 모습을 보았을 것 같다.

모든 것을 파괴하고 정복했던 나폴레옹도 스위스와 이탈리아 사이에 있는 심플론이라는 고개를 가로지르는 도로를 건설하면서도 37m에 이르는 사이프러스만은 베지 못하게 했다. 사이프러스가 이렇게 살아남은 것처럼 고흐 또한 100년이 넘는 세월 동안에도 우리들의 마음속에 남아있다.

빈센트 반 고흐의 '별이 빛나는 밤'의 그림에서 앞에 그려진 횃불 모양이 무엇인지 궁금했다. 그런데 이제야 사이프러스 나무임을 알게 되었다. 반짝이는 별을 향해 검은 사이프러스는 본인이 할 수 있는 대로 뻗어보지만 닿을 리가 없다. 사이프러스가 땅에서부터 하늘까지 닿아 별들과 함께 이야기를 나눌 수 있게 해준 것 같다. 고흐가 반짝이는 별들과 함께하고 싶은 마음을 대변한 듯하다. 이후 고흐는 사이프러스가 등장하는 여러 장의 그림을 그린다. '별이 빛나는 밤' '밀밭의 사이프러스' '사이프러스와 별이 있는 길' '두 여인과 사이프러스' 등 그의 작품에서 사이프러스는 새로운 장르로 자리 잡았다.

조지아 오키프

Georgia O'Keeffe

가. 조지아 오키프 1932년 작 '흰독말풀 / 흰 꽃 No.1'
(Jimson Weed/White Flower No.1)

조지아 오키프의 1932년 작 '흰독말풀'은 2014년 미국 뉴욕의 미술품 소더비 경매에서 4천 440만 달러, 한화 약 495억 원에 낙찰되었다. 이는 지금껏 여성 작가 작품 중 최고가였던 조안 미첼의 작품 '무제'의 1천 190만 달러, 한화 약 132억 원보다 약 4배가 높은 가격이다.

조지아 오키프(1887~1986)는 꽃 그림으로 유명한 미국의 화가이며, 자연에서 많은 생각을 찾아내기로 유명하였다. 그녀는 또한 동물의 유골과 사막의 풍경을 주제로 한 그림도 유명하다.

조지아 오키프는 1887년 미국에서 태어났다. 그녀의 부모는 혁명으로 몰락한 헝가리 귀족과 대기근을 피해 미국으로 이민 온 아일랜드계 농민의 딸이었다.

그녀는 미술학교를 졸업한 뒤 학교와 대학에서 미술을 가르쳤다. 그녀의 인생은 1916년 사진작가인 알프레드 스티글리츠(1864~1946)를 만나면서 새롭게 시작되었다. 1916년 스티글리츠는 오키프의 작품을 알아보고 '291 화랑'에 전시를 했다. 스티글리츠가 이름도 낯선 이 여인의 작품을 '291화랑'의 가장 좋은 장소에 전시한 것은 어쩌면 모험이었지만 이 모험은 대성공을 거두었다. 뒤늦게 이 사실을 알게 된 오키프는 당장 그에게 달려가 자신의 그림을 내려 줄 것을 요구했다. 스티글리츠는 오히려 그녀를 설득하여 그림을 계속하여 전시하도록 했다. 세계적 거장들의 작품과 어깨를 나란히 하며 그녀의 그림은 독특한 매력을 발산했고, 비평가들의 찬사를 받으며 화단의 주목을 받게 된다. 결국 스티글리츠에 의해 평단에 소개된 그녀는 이후 생애의 전환점을 이루어 미국의 가장 위대한 화가 중 한 사람으로 명성을 얻게 된다. 스티글리츠는 '사진은 예술을 모방할 게 아니라 당당히 예술을 파먹고 살아야 한다.'며 스트레이트 포토와 사진 분리파 운동을 주장하며 당대 사진계의 거장으로 떠오른 인물이었다. 또한 그는 1905년부터 뉴욕에 '291갤러리'를 열고 유럽의 선진적인 거장들의 작품을 미국에 소개하고 있었다. 그들은 1918년부터 연인이 되었고 1924년에 결혼했다. 스티글리츠가 51살 오키프가 28세였다. 스티글리츠는 오키프와의 결혼을 위하여 부인과 이혼을 하였다. 오키프도 비슷한 나이의 남자친구와 결별했다. 스티글리츠는 오키프의 전신사진을 수만 장을 찍었고, 세상에 작품으로 발표한 것만도 500장이 넘는다고 한다.

스티글리츠는 자신의 아내이자 미국의 대표적 표현주의 화가인 조지아 오키프를 1920년대부터 사진에 담았다. 그는 집이나 스튜디오 그리고 그녀가

▲ 스티글리츠와 오키프

머물고 있던 뉴멕시코 등지에서 누드를 비롯한 초상사진으로 그녀의 일상적인 삶을 기록하였다. 스티글리츠는 오키프와 예술혼을 불태우는 속에서 작품을 만들었고, 그런 두 사람의 관계는 때때로 작품 속에 고스란히 반영되었다. 하지만 많은 사람들의 관심은 그녀의 작품보다는 아름다운 그녀의 몸이었다.

오키프의 누드사진으로 말미암아 그녀의 전시에는 많은 사람이 몰려들었다. 그녀는 스티글리츠와 결혼 후, 가장 화제의 중심에 있는 화가가 되었다. 그들은 결혼 후 성의 자유를 주창하며 새로운 결혼관을 확립했다.

1946년 인생과 예술의 동반자였던 스티글리츠가 사망하자 오키프는 도시 생활을 청산하고 뉴멕시코 산타페로 이주한다. 광활하고 고독한 사막에서 그녀는 외부와의 관계도 멀리하고 자신의 작품 세계에 몰두하며 명작을 쏟아냈다.

조지아 오키프의 '흰독말풀' 작품을 보면 전체가 흰독말풀(*Datura stramonium*) 한 송이로 되어있다. 사람들은 왜 꽃을 확대해서 그리느냐는 질문에 오키프는 "아무도 진정한 자세로 꽃을 보지 않는다. 꽃은 작아서 보는 데, 시간이 걸린다. 현대인은 너무 바빠서 그럴 시간이 없기 때문이다. 내가 꽃을 거대하게 그리면 사람들은 놀라서 천천히 꽃을 관찰하게 된다."

오키프는 돋보기로 확대한 듯 클로즈업된 꽃을 그렸다. 대담한 색채를 활용해 꽃의 속살을 드러냈다. 남성 화가들은 빈정거리는 투로 오키프에게 이렇게 물었다. "당신은 왜 이렇게 꽃을 크게 그리는 거죠?" 오키프는 되물었다. "당신들은 산을 그리는 화가에게 실제보다 왜 그렇게 작게 그리는지 물어본적이 있나요?"

그러나 그녀의 이런 의도에도 불구하고 초창기 꽃을 그린 작품들은 여성의 생식기를 은유하는 성적 암시와 관능적인 상징주의로 받아들여지곤 했다.

오키프의 그림은 처음에 쉽게 접근할 수 있는 구성형태의 작품이다. 하지만 감상을 지속할수록 자연을 내면화하여 표현한 신비스러운 아우라에 감상자 또한 내면의 울림을 느끼게 되고 새로운 의미를 찾게 만든다. 대중과 평단은 오키프의 작품에서 독특한 예술적 감성을 알아보게 되고 그녀를 '스티글리츠의 여자'가 아닌 현대적이고 독립적인 작가로 인정하기 시작한다. 스티글리츠의 그늘을 벗어난 오키프는 서유럽계의 모더니즘과 관계없는 그녀만의 작품 세계를 꾸준히 펼침으로써 20세기 미국 미술계의 독보적인 위치를 차지하게 된다.

'흰독말풀'은 열대 아시아가 원산지로 가지과의 한해살이풀이다. 흰독말풀은 이름에서 보듯 독을 가지고 있어 '악마의 나팔'이란 별칭을 가졌다. 아름다운 꽃임에도 그큰 꽃송이를 하늘을 향해 꼿꼿이 세우고

▲ 흰독말풀

피어난다. 어쩌면 그 꼿꼿함이 서양 사람들 눈에는 독을 가지고 하느님과 맞서려는 교만함으로 비쳐져 '악마의 나팔'이라는 별명을 얻은 것 같다.

'흰독말풀' 작품은 오키프를 보는 것 같다. 독을 가진 풀이란 이름과 아름다운 향기와 꽃을 피우는 양면성이 오키프의 삶과 닮아있기 때문이다.

KOREAN

우리나라 명화 속의
역사와 식물 이야기

정중 이암

(李巖, 1499~?)

이암(李巖)은 세종대왕의 넷째 아들인 임영대군의 증손으로 종실 신분의 화가이다. 그의 작품으로는 모견도(母犬圖)와 2003년 보물 제1392호로 지정된 화조구자도(花鳥狗子圖)가 유명하다.

가. 모견도(母犬圖) 종이에 채색 73.2 × 42.4㎝ 국립중앙박물관

'모견도'는 어미 개와 세 마리의 강아지가 잎이 무성한 나무 아래서 마치 가족사진을 찍고 있는 것 같다. 검은색의 어미는 장식이 화려한 금방울이 달린 붉은 목줄을 하고 있다. 지체 높은 사대부의 개라는 것을 알 수 있다. 어미의 등에 올라탄 강아지는 평화롭게 잠들었고, 어미 가슴에 파고든 강아지는 한창 젖을 빠는 중이다. 평온하게 새끼를 감싼 어미는 세상 부러울 것이 없다. 이 순간이 바로 평화다.

모견도에서 잎이 무성한 나무는 감나무다. 감나무는 중국 중남부가 원산지로서 동북아시아에만 있는 온대 과일나무다. 예로부터 우리 선조들은 밭둑에 대추나무, 야산 자락에 밤나무, 마당 가에 감나무, 숲속에 돌배나무를 심었다. 제사상의 맨 앞 과일 줄에 올라가는 조율이시(棗栗梨柿)로서 꼭 챙겨야 할 과일나무이기 때문이다.

감나무를 비롯한 과일나무들은 과일을 만드는데 기력을 소진해 오래 살지 못한다. 한때 우리나라 감나무는 골프채의 머리를 만드느라 많이도 잘려나갔다. 지금이야 티타늄이나 메탈(metal)이지만 30여 년 전의 골프채는 감나무 머리를 최고로 쳤다. 보통 감나무는 100년을 살아남기가 어려웠다. 그러나 경남 의령 백곡리의 천연기념물 492호로 지정된 감나무는 400년이나 되었다.

감나무는 손바닥만 한 커다란 잎을 갖고 있고, 나뭇가지는 질긴 성질이 모자라 잘 부러진다. 그래서 감을 따기 위해 나무 위로 올라갔다 떨어지는 일이 많았다. 오래된 줄기 껍질은 흑갈색으로 잘

▲ 감꽃

게 그물처럼 갈라진다. 감꽃은 늦봄에 노랗게 핀다. 봄에 꽃은 큰 잎에 묻혀 있고, 꽃잎은 말려 있어서 잘 보이지 않는다. 늦봄에 피는 감꽃이 땅에 떨어지면 어려웠던 시절 아이들의 간식거리였다. 또한 감꽃을 모아 목걸이를 만들었다. 이어서 감이 열리면 익을 때를 기다리지 못하고 초복을 넘기자마자 낙과하는 푸른 감을 주워 먹었다.

민간에서 감이 설사를 멎게 하고 배탈을 낫게 한다고 알려져 있는데, 이는 타닌이 장의 점막을 수축시켜 설사를 멈추게 하기 때문이다.

감을 곶감으로 만들어 두면 다른 어떤 과일보다 오랫동안 저장할 수 있어서 더욱 사랑을 받았다. 『동의보감』에는 '곶감은 몸의 허함을 보하고 위장을 든든하게 하며 체한 것을 없애준다'라고 했다. 또 '홍시는 심장과 폐를 부드럽게 해주고, 갈증을 멈추게 하며 식욕을 돋우고, 술독과 열독을 풀어준다'라고 했다.

감나무는 쓰임이 많은 나무다. 검은 줄무늬가 들어간 감나무는 특히 먹감나무라고 하여 옷장·문갑 등 조선 시대의 가구재로 널리 쓰였다.

제주도에서는 '갈중이' 혹은 '갈옷'이라 부르는 옷이 있는데, 이것은 무명에 감물을 들여 만든 옷이다. 감물이 방부제 역할을 하여 땀이 묻은 옷을 그냥 두어도 썩지 않고 냄새가 나지 않는다. 통기성이 좋아 여름에는 시원할 뿐만 아니라 밭일을 해도 물방울이나 오물이 쉽게 묻지 않아 위생적이다.

나. 화조구자도(花鳥狗子圖) 지본담채 86 × 44.9㎝ 호암미술관

화조구자도는 꽃나무를 중심으로 벌과 나비 그리고 새와 강아지가 그려진 그림으로 강아지의 귀여움이 일품이다. 과연 그림에서 꽃나무는 무슨 나무일까? 달걀 모양의 잎과 붉은 꽃받침과 활짝 핀 흰 꽃으로 보아 장미과에 속하는 나무로 보인다. 장미과 나무로는 살구나무·매실나무·자두나무·벚나무·사과나무·배나무 등 종류가 많다. 화조구자도의 꽃나무는

돌배나무(*Pyrus pyrifolia Nakai*)다.

배나무는 환경 적응력이 높아 종류가 많다. 개량종 참배나무 외에 돌배나무·산돌배나무·청실배나무·문배나무·팥배나무·콩배나무·아그배나무 등에다 사이비배나무까지 종류가 많다.

산속에서 자란 돌배나무는 또 다른 쓰임새가 있다. 속살이 곱고 치밀하여 글자를 새기는 목판(木板) 재료로 그만이다. 유명한 팔만대장경을 만드는데 산벚나무가 65%, 돌배나무가 15%가 들어갔다. 이 외에도 박달나무·거제수나무·단풍나무·후박나무 등이 쓰였다.

배꽃은 벚꽃과 같이 도발적인 화려함이나 요염함이 느껴지지 않는다. 흰빛이 갖는 고고함에 다소곳하면서도 마치 소복에 숨겨진 청상과부의 애처로움이 배어 있다. 그래서 과일나무이면서도 꽃으로 뭇사람들의 사랑을 받았다.

그래서 옛 문인들의 소재가 되었다. 고려 충혜왕 때의 문신 이조년(李兆年)이 쓴 연시 다정가(多情歌)에 배꽃이 나오는데 정조 때 한역한 칠언절구를 고등학교 교과서에서 배웠다.

다정가(多情歌) / 이조년

이화(梨花)에 월백하고 은한이 삼경일 제

일지춘심을 자규야 알랴마는

다정도 병인 양하여 잠 못 들어 하노라

배꽃이 달빛에 은하수 되어 밤은 깊은데
소쩍새는 나뭇가지에 봄이 오는 것을 알랴마는
다정도 병인 양하여 잠 못 들어 하노라

　고려 시대 이규보는 당대 최고의 문장가였다. 평생 8,000여 수를 지었다
고 한다. 운을 띠자마자 바로 나는 듯이 일필휘지로 써 내려갔기에 창운주
필(唱韻走筆) 즉, '붓을 달려 시를 쓴다.'는 천재 문장가였다고 한다. 그중
배꽃이란 시도 있다.

배꽃 / 이규보

초의지상설점화(初疑枝上雪黏花)
처음엔 가지 위에 눈 내렸나 하였더니
위유청향인시화(爲有淸香認是花)
맑은 향 있으매 꽃잎을 알겠네
비래역견천청수(飛來易見穿靑樹)
푸른 나무 사이로 흩날릴 땐 잘 보이더니
낙거난지혼백사(落去難知混白沙)
백사장에 떨어져 섞이니 분간하기 어렵구나

다. 화조묘구도(花鳥猫狗圖) 비단채색 86.4 × 43.9cm 평양박물관

　멋스럽게 휘어있는 고목에 애기동백(*Camellia sasanqua Thunb.*)꽃이 피었다. 고양이와 새·강아지가 꽃과 어우러져 아름답고 평화로운 분위기를 만들어 준다. 그래서 이 그림 제목은 '화조묘구도(花鳥猫狗圖)' 이다.

　특히 이암의 개 그림은 조선회화사(朝鮮繪畵史)를 통하여 제1인자로 꼽힌다. 검은 고양이 한 마리가 나무줄기를 붙잡고 있다. 애기동백은 동백나무와 비슷하지만, 종(種)이 다른 별개의 나무다. 동백나무는 꽃잎이 반쯤 세워져 핀다. 반면 애기동백은 그림처럼 꽃잎이 거의 수평으로 펼쳐져 동백보다 납작하고 편평하게 꽃이 핀다. 질 때도 동백꽃은 통으로 떨어지나 애기동백은 꽃잎이 하나씩 떨어져 바람에 날아간다. 애기동백의 원산지는 일본 중남부 지방이다. 일제강점기에 들어와 남부 지방에서 조경수로 심었다. 꽃이 피는 시기는 동백은 해를 넘은 2, 4월에 피고, 반면에 애기동백은 해를 넘기지 않은 10, 12월에 핀다.

　바위에는 자그마하지만 싱싱한 조릿대 한 그루가 자리 잡았다. 애기동백 바로 옆에는 때늦게 가을 도라지가 파란 꽃을 피우고 있다. 그림 속의 꽃들을 통해 계절이 가을임을 알 수 있다.

신사임당

(申師任堂, 1504~1551)

신사임당(申師任堂, 1504~1551)은 시와 그림에 능한 예술가이자 율곡 이이를 낳은 훌륭한 어머니이다. 48세를 일기로 작고할 때까지 그리 길지 않은 삶을 살았지만, 훌륭한 작품을 남긴 화가이다. 그리고 학자이자 정치가였던 율곡 이이의 어머니로서 사임당은 현모양처(賢母良妻)를 상징하는 인물로 5세기가 지난 오늘날에도 여전히 추앙받고 있다.

신사임당이 그린 '초충도병'의 일부 그림은 오천원권 지폐에도 나온다. 신사임당의 초충도는 한결같이 단순한 주제 간결한 구도 섬세하고 여성적인 표현 산뜻하면서도 한국적 품위를 지닌 색채감각 등이 특징이다.

정보통신부는 1994년 우표취미주간을 통하여 우리나라의 우표취미문화가 한 단계 도약하는 계기가 되기를 바라며 신사임당의 '초충도병(草蟲圖屛)' 특별우표를 발행했다. 그 순서는 ① 수박과 들쥐, ② 가지와 방아깨비, ③ 오이와 개구리, ④ 양귀비와 도마뱀, ⑤ 맨드라미와 쇠똥구리, ⑥ 원추리와 개구리, ⑦ 어숭이와 개구리 ⑧ 여뀌와 사마귀이다.

가. 초충도병, ④ 양귀비와 도마뱀,
종이채색 34 × 28.3cm 국립중앙박물관

양귀비와 도마뱀의 그림에는 중앙에 양귀비가 있고 그 주위로 2마리의 나비가 날고 있다. 왼편으로는 패랭이, 우측으로는 달개비가 피어 있다. 밑으로는 장수하늘소와 도마뱀이 그려져 있다.

양귀비는 불룩한 주머니처럼 생긴 씨방을 맺고 그 안에 좁쌀 같은 씨앗이 가득하기에 '다산'을 상징한다. 나비는 '장수'를 뜻한다. 패랭이는 축하와 장수를 뜻하고, 달개비는 덩굴식물인데, 덩굴은 한자로 '만대(蔓帶)'니 자손만대 번창하라는 의미를 담고 있다. 도마뱀은 용을 닮은 동물이다. 용 그림은 왕실에서나 사용하는 것이니 사대부 민가에서는 종종 도마뱀이나 도룡뇽으로 대신한다. 장수하늘소는 딱딱한 갑옷을 입은 곤충으로 '갑충(甲蟲)'이라 불렸다. 여기서 '갑'은 갑제(甲第)를 뜻하니 과거시험에서 1등으로 장원급제하고 출세하라는 기원을 담고 있다.

양귀비(*Papaver somniferum L.*)는 한해살이 꽃이다. 북한에서는 '아편꽃', 한자로는 앵속(罌粟)이라고 한다. 양귀비 하면 당현종의 후궁이자 며느리인 양귀비의 미모에 빗대어 양귀비라고 불린다. 양귀비는 서시·왕소군·우희와 함께 고대 중국 4대 미녀 중 1명이다.

또한 양귀비의 일종으로 아편 성분이 없는 개양귀비의 별명은 우미인초다. 항우의 연인이었던 그 우미인의 이름에 붙였다. 같은 미인이지만 나라를 파탄 낸 양귀비는 아편이 있는 양귀비에 이름을 남겼고, 항우를 위해 죽은 우미인은 아편이 없는 양귀비에 이름을 남겼으니 두 양귀비의 비극이 극명하게 갈린다.

달개비는 닭장 근처에서 많이 자라고, 꽃잎이 닭의 볏과 닮아서 닭의장풀(*Commelina communis L.*)이라고 한다. 달개비는 강한 생명력과는 달리 이른 아침에 피었다가 한낮이면 시들어 꽃말은 '순간의 즐거움' '그리운 사이'이다. 잎은 연한 소금물에 데쳐 나물로 먹는다. 꽃은 전통 염색에서 청색을 물들일 때 쓰는 염료로 쓰인다.

초충도병, ④ 양귀비와 도마뱀은 다산하며 과거에도 급제하고 장수하며 자손만대 번창하라는 의미를 담고 있는 그림이다.

나. 초충도병, ⑦어숭이와 개구리,
종이채색 34 × 28.3cm 국립중앙박물관

⑦ 어숭이와 개구리 그림에는 왼편에는 도라지가 있고 오른편으로는 어숭이가 있고 그 주위로 잠자리와 나비가 날고 있다. 밑으로는 메뚜기와 개구리가 있다.

어숭이꽃은 과연 무슨 꽃일까? 자료를 찾아보면 어숭이꽃을 접시꽃(蜀葵

花)·촉규(蜀葵)·추규(秋葵)·닥풀(黃蜀葵)로 표현하는데 어떤 것이 정확한 꽃일까?

신사임당이 그린 어숭이 그림과 그 후 300년이 지난 남계우(1811~1888)의 군접화훼도(종이채색 127.9 × 28.8cm 국립중앙박물관)의 어숭이 그림이 똑같다. 남계우는 숙종대의 문신으로 평생 나비와 꽃 그림을 즐겨 그렸다. 그래서 조선시대 나비 그림의 제1인자로서 '남나비(南蝶)'라고 불렸다. 즉 어숭이꽃은 조선시대에 계속하여 존재하고 있었다는 증거이다. 그런데 어숭이꽃은 접시꽃의 서울 사투리라는 설이 있다. 접시꽃을 부르는 명칭이 지방마다 다른데 서울에서는 어숭화, 평안도에서는 둑두화, 삼남 지방에서는 접시꽃이라 한다. 그러나 어숭이 그림은 실제 접시꽃과는 다르다. 그러므로 어숭이꽃을 접시꽃으로 표현하는 것은 잘못된 것이다.

두 번째 촉규화(蜀葵花)인가? 먼저 신라 최치원의 촉규화에 대한 시를 살펴보자.

▲ 남계우, 군접화훼도

접시꽃(蜀葵花) / 최치원

寂寞荒田側(적막황전측) 거치른 밭 언덕 한 모퉁이에
繁花壓柔枝(번화압유지) 탐스런 꽃송이에 가지 휘었네.
香經梅雨歇(향경매우헐) 매화비에 씻기어 향기 그치고,
影帶麥風敧(영대맥풍의) 보리바람 결에 그림자 흔들리네
車馬誰見賞(거마수견상) 수레타고 말탄 이 누가 봐줄까?
蜂蝶徒相窺(봉접도상규) 벌 나비만 부질없이 날아드는데
自慙生地賤(자참생지천) 천한 곳에 태어남이 부끄러워서

　촉규화(蜀葵花)의 제목을 접시꽃이라고 해놓아 촉규화는 사임당의 어숭
이 그림과 맞지 않는다.

　세 번째 추규(秋葵)인가? 이언적(李彦迪 1492~1553)의 추규(秋葵)란 시
다.

추규(秋葵) / 이언적(李彦迪)

개도청추부개영(開到淸秋不改英) 맑은 가을 하늘 열려도 꽃빛은 변하지 않아
긍수혜경투춘영(肯隨蹊逕鬪春榮) 기꺼이 오솔길 따라서 봄의 번성과 다투어본다
산정적막무인상(山庭寂寞無人賞) 산 뜨락 적막하여 감상할 사람 아무도 없어도
지파단심향일경(只把丹心向日傾) 다만 온통 붉은 마음을 해를 향하여 기울어본다

제목의 추규(秋葵)를 대부분 가을
해바라기로 해석해 놓았다. 어숭이
그림과 해바라기는 전혀 맞지 않는
다.

마지막으로 닥풀(黃蜀葵)을 비교
해 보자. 닥풀(*Hibiscus manihot L.*)은
원산지가 중국으로 아욱과에 속하

▲ 닥풀

는 일년생 초본식물이다. 닥풀을 황촉규(黃蜀葵)라 하는데 닥나무로 한지
를 제조할 때 점성을 주기 위하여 사용하는 풀감에서 유래한 것이다. 우리
나라에 오래전에 귀화한 식물로서 잎을 황촉규엽(黃蜀葵葉), 꽃을 황촉규
화(黃蜀葵花), 씨를 황촉규자(黃蜀葵子)라고 한다. 닥풀을 신사임당 어숭
이와 비교해보면 같아 보인다. 꽃 색깔도 황색이며 잎도 5~7개로 깊이 갈라
진 것도 같다.

결론으로 신사임당의 ⑦ 어숭이와 개구리 그림에서 어숭이꽃은 접시꽃이
아니라 황촉규(黃蜀葵), 즉 닥풀인 것이다. 그러므로 어숭이꽃을 접시꽃 ·
촉규화(蜀葵花) · 추규(秋葵)로 표현하는 것은 잘못된 것이다.

초충도병, ⑧ 여뀌와 사마귀, 종이채색 34 × 28.3cm 국립중앙박물관

⑧ 여뀌와 사마귀 그림은 중앙에 여뀌가 2줄기 갈라져 꽃이 피고 줄기에
는 나팔꽃이 감고 올라가고 주위로는 잠자리와 벌이 날고 밑으로는 사마
귀가 걸어가고 있다.

나팔꽃(*Pharbitis nil*)은 네팔, 인도가 원산지이며 메꽃과에 딸린 한해살이

풀로 중국을 거쳐 우리나라에 들어왔는데 씨앗을 약으로 쓰기 위해서 들여온 것이라고 한다. 나팔꽃을 견우화(牽牛花)라고 하고 씨앗을 견우자(牽牛子)라고 하여 설사약으로 써왔다. 견우자(牽牛子)라는 이름이 무엇 때문에 붙었을까? 옛날에는 나팔꽃 씨앗을 주고 그 대가로 소 한 마리를 끌고 왔기 때문에 견우자라는 이름이 붙여졌다고 한다.

　나팔꽃은 아침 일찍 피었다가 정오가 되기 전에 시든다. 색깔도 다양하여 유전학상으로 변종이 130여 종이나 된다. 그래서 이 꽃을 '바람둥이 꽃'이라 하기도 한다. 꽃말은 덧없는 사랑·기쁨·일편단심이다.

　나팔꽃이 감고 올라가는 꽃을 산차조기로 설명하고 제목을 붙인 자료가 많다. 즉 산차조기와 사마귀란 제목이 제법 많다. 차조기는 꿀풀과에 속하는 한해살이풀로 중국이 원산지이다. 들깨의 변종이다. 차조기는 자소(紫蘇)·소엽(蘇葉)이라고도 한다. 차조기에 들어있는 페릴라알데히드로 만든 감미료는 설탕보다 강한 감미료로 담배·장류·치약 등에 사용한다. 차조기가 야생에 있다고 해서 산차조기라 이름을 붙인 것 같은데 그림과는 맞지 않는다. 그럼 어떤 꽃일까?

　그래도 여뀌의 꽃 모양에 가깝다. 잎 모양은 일반 여뀌 모양과 차이가 나는 점도 있지만, 털여뀌(persicaria orientalis (l.) spach)잎은 그림과 같이 넓다. 그러므로 산차조기와 사마귀란 제목을 붙인 그림은 잘못된 것이다.

⑧ 여뀌와 사마귀 그림의 의미
를 풀어보면 여뀌는 과거시험에
급제하라는 의미고, 나팔꽃은 번
창·근면·충성, 잠자리는 득남,
사마귀는 교미 후에 잡혀서 먹힐
줄 알면서도 후손을 위해 희생하
는 부모의 마음이다. 이렇듯 우리
그림에는 의미가 있다.

▲떡여뀌

죽림수 이영윤

(李英胤 1556~1611)

이영윤(李英胤 1556~1611)은 화가 집안으로 꽃과 새 그리고 짐승들의 그림을 잘 그려 산수와 인물화로 유명한 형 경윤과 대조를 이루었다. 왕족으로 청성군 아들로 죽림수(竹林守)를 제수받았다.

가. 화조도(花鳥圖) 견본채색 160.6 × 53.9cm 국립중앙박물관

화조도(花鳥圖)를 보면 소나무가 윗부분을 차지하고 담쟁이덩굴이 소나무를 감고 올라갔다. 화면 아래는 원앙 한 쌍이 있고 중앙으로는 치자꽃(*Gardenia jasminoides* J.Ellis)이 활짝 피었다.

조선시대 강희안이 지은 『양화소록』에서 치자는 꽃 가운데 가장 귀한 꽃이며, 네 가지 이점이 있다. 고 했다.

"첫째, 꽃 색깔이 희고 기름 진다. 둘째, 꽃향기가 맑고 풍부하다. 셋째, 겨울에도 잎이 변하지 않는다. 넷째, 열매로 황색 물을 들인다."

장미과에 속하는 꽃들은 대부분은 꽃잎이 다섯 장이지만, 치자나무는 여섯 장의 꽃잎을 갖고 있다. 열매는 타원형이고 가을에 주황색으로 익는다.

치자나무 열매에는 크로신(crocin)과 크로세틴(crocetin)이라는 황색 색소를 가지고 있어서 천연염료로 널리 쓰인다. 치자 물의 농도가 짙을수록 주황색이 된다. 이것으로 삼베·모시 등의 옷감에서부터 종이까지 생활용품 등을 아름답게 물들였다.

그러므로 치자는 문인들의 가슴속에 남아 아름다운 시로 전해지고 있다.

치자 / 두보

치자를 뭇 나무와 비교하니

세상에 참으로 많지 않다네

자신은 염색으로 쓰이고

도와 기가 통하여

붉은 열매는 바람서리 맞아 열리네

푸른 가지는 이슬 맞아 볼 수 있고

무정한 너를 옮겨 심으니

고귀함이 강물 위에 비춰지네

치자화(梔子花) / 성삼문

열매는 황금빛 아름다움이 사랑스럽고

꽃은 향기와 백옥색이 어여쁘네

또한 겨울에도 잎이 있어

푸릇 푸름으로 눈과 서리를 이겨내네

성삼문(출처 : 나무위키)

연담 김명국

　김명국의 호는 연담(蓮潭)·취옹(醉翁)이며 도화서 화원을 지냈고, 1636
년과 1643년 2차례 통신사를 따라 일본에 다녀왔다. 그의 화풍은 대담하
고 힘찬 감필(減筆)로 선종화도 잘 그렸는데, 달마도(達磨圖)는 그의 대표
작이다. 가난에 쪼들렸던 김명국은 많은 그림을 그렸지만, 남은 그림은 몇
점 안 된다. 국립중앙박물관에 전시된 「달마도」도 일본에 있던 것을 다시
사 온 것이다.

　김명국이 조선통신사의 수행원으로 일본에 갔을 때, 부사 김세렴의 『해사
록(海槎錄)』 1636년 11월 14일 자에는 "글씨와 그림을 청하는 왜인이 밤낮으
로 모여들어 박지영·조정현·김명국이 괴로움을 견디지 못하였는데, 심지어 김명
국은 울려고까지 했다."라는 기록이 있다. 박지영과 조정현은 글씨를 쓰는 사
자관(寫字官)이다.

　김명국의 취옹(醉翁)이라는 호가 날마다 술에 찌들어 산 그의 모습과 잘
어울리는데, 취한 상태에서 그림 그리는 것으로 더욱 이름이 났다.

　정내교의 전기 『화사 김명국전』은 이렇게 시작된다. 화가 김명국은 세속적
인 방법으로 울긋불긋하게 꾸며서 사람들의 눈이나 즐겁게 하는 그림 따위
는 절대로 그리지 않았다. 사람됨이 방자하고 절도가 없었으며 우스갯소리
를 잘하였다. 술을 좋아했는데, 한 번에 여러 말을 마셨다. 그는 그림을 그

릴 때는 반드시 크게 취해야만 붓을 휘둘렀다. 붓을 마음대로 놀릴수록 그 의미가 더욱 무르익었다. 비틀거리는 속에 신운이 감돌았다.

이런 일도 있었다. 언젠가 영남에 사는 스님이 큰 비단을 가지고 와서 명사도(冥司圖, 지옥그림)를 그려달라고 했다. 스님은 비단 수십 필을 그림 값으로 가져왔다. 그런데 얼마 뒤에 스님이 찾아오자 "맘이 내켜야 그린다."라면서 그냥 보냈다. 그렇게 서너 번 돌려보내더니, 하루는 술을 실컷 마시고 몹시 취해 비단 앞에 앉았다. 한참 바라보며 생각을 풀어내더니, 붓을 들어 단번에 다 그렸다. 그런

▼ 연담 김명국의 대표작 달마도

데 건물 모습이며 귀신들의 형색이 삼엄하긴 했지만, 머리채를 끌고 가는 자나 끌려가면서 형벌을 받는 자, 토막으로 베어지고 불태워지는 자와 절구찧고 맷돌 가는 자들이 모두 스님이었다. 스님이 깜짝 놀라 말했다.

"아이고 참! 당신은 어쩌려고 내 큰일을 그르쳐 놓으셨소?"

"스님들이 일생 동안 저지른 악업이 바로 세상을 미혹시키고 백성을 속이는 짓이니, 지옥에 들어갈 자는 스님들이 아니고 누구겠소?"

"그림은 태워 버리고 비단이나 돌려주시오."

"스님이 이 그림을 완성 시키고 싶다면, 가서 술이나 더 사 가지고 오시요. 내가 스님을 위해 그림을 고쳐 주겠소."

스님이 술을 사 왔더니 김명국이 술잔에 가득 담아 마시고는 기분 좋게 취해서 붓을 쥐고는 머리 깎은 자에게는 머리털을 그려주고, 수염을 깎은 자에게는 수염을 그려주었다. 또 잿빛 옷을 입은 자와 장삼을 입은 자에게는 채색을 하여 최고의 명사도(冥司圖)가 완성되었다.

　김명국은 천한 신분으로 인해 거절하지 못해 실패작도 많았던 화가다. 유홍준의 번역작 『청죽화사(聽竹畵史)』에서 이렇게 설명했다.

　김명국은 그림의 귀신이다. 그 화법은 앞 시대 사람의 자취를 따르지 않았다. 평생 그림을 그려도 재산을 모을 수가 없어 가난하였다. 더욱이 김명국은 성격이 호방하고 술을 좋아하여 그림을 구하는 사람이 있으면 문득 술부터 찾았다. 술에 취하지 않으면 그 재주가 다 나오지 않았고, 또 술에 취하면 취해서 제대로 잘 그릴 수가 없었다. 오직 술에 취하고 싶으나 아직은 덜 취한 상태에서만 잘 그릴 수 있었으니, 그와 같이 잘된 그림은 아주 드물고 세상에 전하는 그림 중에는 술에 덜 취하거나 아주 취해 버린 상태에서 그린 것이 많아 마치 용과 지렁이가 서로 섞여 있는 것 같았다.

　그래서 김명국의 그림에는 걸작도 많지만, 실패작도 많다. 그러나 그런 이유가 술 때문이 아니라 천한 신분 때문이라고 했다. 남이 소매를 끌면 어쩔 수 없이 손에 이끌려 하루에도 수십 폭을 그려야 했다. 그 득실이 서로 섞이고 잘되고 못된 것이 나란히 공재(윤두서)처럼 절묘하게 된 것만을 단단히 골라낼 수 없었다. 만약 연담으로 하여금 그 처지를 공재와 같은 위치에 두게 했다면 이름을 얻은 그 성대함이나 작품의 귀함이 어찌 공재만 못하겠는가. 그러니 이런 식으로 그림을 매기는 것은 진실로 어린애 같은 소견인 것이다.

　김명국은 조선에서는 천한 신분이었지만 일본에서는 신분이 아니라 그림으로 평가받았다. 200년 동안 조선통신사가 12번이나 다녀왔지만, 일본 측에서 다시 불렀던 화원은 김명국뿐이었다. 조정에서는 통신사를 일본에 보내면서 조선의 문물을 과시하기 위해 솜씨가 뛰어난 사자관이나 화원을 선발하였다.

그러나 중국 사행의 경우 사자관을 긴요한 인원이 아니라고 하여 감원시키거나, 무명의 화원을 보냈던 것과 좋은 대조를 이룬다. 세계 문화의 중심지였던 중국에 가서 그림이나 글씨 솜씨를 자랑할 수가 없었기 때문이다.

제1차 통신사를 파견했을 때에는 일본 장군에게 인삼 200근을 선물했는데, 김명국이 갔던 제4차와 제5차에는 50근을 보냈다. 일본에서 인삼 값이 치솟자, 역관을 비롯한 중인들은 이익을 늘리기 위해 법을 어기고 인삼을 몰래 가져갔다. 김명국도 인삼 상자가 발각되어 처벌받았다. 김명국은 그림 값만 벌어온 것이 아니라, 인삼으로도 큰돈을 벌려고 했다.

그러나 김명국이 그린 그림은 일본인에게 워낙 인기가 있었기에, 1643년 제5차 통신사 행 때에도 일본에서는 외교문서를 통해 "김명국 같은 사람이 오기를 바란다."라고 특별히 요청했다. 인삼밀매에 연루되어 처벌받은 전력이 있는데도 예외적으로 두 번씩이나 수행화원의 임무를 맡게 된 것이다.

김명국이 통신사를 따라 일본에 갔더니 온 나라가 물결 일 듯 떠들썩하여 조그만 종잇조각이라도 큰 구슬을 얻은 것처럼 귀하게 여겼다. 한 왜인이 김명국의 그림을 얻기 위해 많은 돈을 들여 잘 지은 세 칸 건물의 사방 벽을 주옥으로 장식하고 좋은 비단으로 바르고 천금을 사례비로 준비하고 그를 맞아 벽화를 그려 달라고 청탁하였다.

그러자 김명국은 술부터 먼저 찾았다. 실컷 마신 다음 취기에 의지하여 비로소 붓을 찾으니, 왜인은 그림 그릴 때 쓰는 금가루 즙을 한 사발 내놓았다. 김명국은 그것을 받자 들이마셔 한입 가득히 품고서 벽의 네 모퉁이에 뿜어서 다 비워버렸다. 왜인은 깜짝 놀라 화가 나서 칼을 뽑아 죽일 것처럼 하였다. 그러자 김명국은 크게 웃으면서 붓을 잡고 벽에 뿌려진 금물 가루로 그려 가니 혹은 산수가 되고 혹은 인물이 되며, 깊고 얕음과 짙고 옅음의 구별이 형세와 손놀림에 따라 자연스럽게 이루어지는 것이 더욱 뛰어나고 기발하였으며, 붓놀림이 힘차고 살아 움직이는 것이 잠시도 머뭇거림 없이 순식간에 완성되었다.

작업이 끝나고 나니 아까 뿜어 놓았던 금물 가루의 흔적이 한 점도 남지 않고, 울울한 가운데 생동하는 모습이 마치 신묘한 힘의 도움으로 된 것 같았다. 김명국 평생의 명작이 되었다. 왜인은 놀랍고 기뻐서 머리를 조아리며 다만 몇 번이고 감사해 할 따름이었다.

일본인들은 금가루 벽화에 대한 소문을 듣기 무섭게 다투어 모여들었으며, 우리 사신이 가면 반드시 그 그림을 자랑했다고 한다.

김명국은 정당하지 못한 방법으로 이익을 챙기다가 자주 문제를 일으켰다. 첫 번째는 인삼 밀무역으로, 두 번째는 돈 많이 주는 상인의 요구만 좇아 서화를 매매했다가 일본 측으로부터 비난을 받고, 귀국 후에 처벌까지 받았다.

그러나 일본 내에서의 김명국의 인기는 시들지 않아, 1662년에는 대군(大君)의 소원이라면서 김명국이 부산(왜관)에 내려와 그림을 직접 그려 달라고 동래부사를 통해 요청했다. 조정에서는 김명국이 늙고 병들어 내려보낼 수 없으니 대신 그의 그림을 보내주겠다고 했다. 그러나 일본 측에서는 그가 일본에 왔을 때도 매번 다른 사람에게 대필시켰기 때문에 또다시 대신 그려서 보낼지도 모르니, 눈앞에서 그리는 것을 직접 보아야 한다고 간청했다.

그만큼 김명국은 일본에서는 영웅이었다. 위 내용은 허경진이 쓴 『조선의 중인들』에서 인용한 내용이다.

가. 설중귀려(雪中歸驢) 모시수묵 101.7 × 54.9cm. 국립중앙박물관

조선 후기의 평론가였던 남태응은 "김명국 앞에도 없고 김명국 뒤에도 없는 오직 김명국 한 사람이 있을 따름이다"라고 평했다. '설중귀려(雪中歸驢)'는 김명국이 남긴 걸작 중 하나로, 눈 쌓인 겨울날 새벽, 하인과 함께 나귀를 타고 가는 모습을 그린 그림이다. 그를 배웅하러 사립문 바깥으로 나온 이의 웅크린 모습이나, 두툼한 옷으로 여러 겹 몸을 감싼 매무새를 보면 추운 날씨다.

길을 나서면서도 무엇이 그리 마음에 쓰이는지, 내내 뒤돌아본다. 아쉬움이 많으면서도 기어이 길을 나선 이유는 무엇일까? 이 작품의 또 다른 이름은 '답설심매도(踏雪尋梅圖)'이다. 눈을 밟으며 매화를 맞으러 간다는 뜻이다. 한겨울, 선비를 불러낸 것은 다름 아닌 매화 소식이다. 매화가 피었으니 봄을 기꺼이 맞이하겠다는 의지가 담겨 있는 그림이다.

설중귀려(雪中歸驢)를 살펴보면 꽃과 잎이 없어서 어떤 식물인지 알 수가 없다. 하지만 한 가지 푸른잎을 가지고 눈을 뒤집어쓴 대나무만은 알 수가 있다.

당송 8대 가의 한 사람인 소동파는 시서화에 뛰어난 인물로서 정치가로서도 명망을 얻은 인물이다. 그는 특히 대나무를 사랑하여 '어잠승록균헌시'

를 통해 '고기는 없어도 식사는 할 수 있지만/대나무가 없으면 살 수가 없다네.'로 시작되는 빼어난 시를 남기기도 했다. 물론 그가 그리는 묵 죽 또한 명품이었다. 하루는 찾아온 사람의 간절한 요청으로 묵 죽 한 점을 그리려다가 검은 먹이 없어서 붉은 인주를 풀어 원하는 그림을 그려주었다. 상대방은 당연히 묵 죽을 그려주려니 생각했다가 붉은 대나무 그림을 받자 의아해하며 세상에 붉은 대나무가 어디 있느냐고 항의했다. 소동파는 웃으면서 그러면 검은 대나무를 보았느냐고 되묻는 것이었다. 손님은 하는 수 없이 붉은 대나무 그림을 받아 집에 걸게 되었다. 그로부터 그 집안에는 이상하게도 좋은 일만 잇달아 일어나기 시작해 크게 성공했다고 한다. 그 이야기를 전해들은 사람들은 붉은 대나무 그림을 받기 위해 소동파의 집으로 몰려든 것은 당연한 일이다. 그리하여 마침내 혈죽도가 탄생하게 된다. 소동파로 인하여 오늘에 이르기까지 묵 죽과 함께 혈 죽의 전통이 이어져 오고 있는 것이다.

나. 탐매(探梅) 비단채색 45.7 × 31.6cm, 국립광주박물관

김명국의 탐매(探梅)는 설중귀려(雪中歸驢)의 작품과 짝을 이룬다. 즉 나귀를 타고 눈길은 나선 보람이 있다. 나귀를 매어 놓고 대나무 지팡이를 짚고 술병을 챙겨 산에 오르니 매화가 핀 것이다. 탐매는 몰려다니는 것이 아니라 홀로 나선 가난한 서생이라야 잘 어울린다. 매화의 무한한 상징성을 음미하면서 암향(暗香)을 즐긴다. 매화는 모든 생명이 잠들어 있는 한겨울 추위 속에서도 송죽과 함께 변치 않은 벗으로 다가온다. 그래서 매화를 그냥 벗이 아니라 풍류가 있되 속되지 않은 벗이라 했다.

일반인들은 매화를 맞이하기 위해서는 구구소한도(九九消寒圖)를 준비

한다. 일 년 중 가장 추운 동지 이튿날부터 헤아려서 81일간을 구구(九九)라고 하는데, 매화를 그려 넣은 구구소한도를 벽에 붙여 놓고 매일 하나씩 표시해 나가면서 봄이 오기를 기다리는 것이다. 봄을 기다리는 사람들의 마음이 담겨 있는 풍속이다. 소한도에는 꽃봉오리의 수가 81개가 되도록 매화나무 가지를 그린다. 소녀는 그림을 벽에 붙여 놓고 매일 한 개씩 붉은 색깔로 칠을 해서 백매화를 홍매화로 만들어 나갔다. 동지 다음 날부터 칠을 시작해서 마지막 한 잎을 칠하는 날이면 경칩과 춘분의 중간, 즉 3월 10일경이 된다. 이때쯤 소한도를 끝내고 창문을 열면 창가에 매화가 활짝 피면서 봄을 맞이하게 되는 것이다.

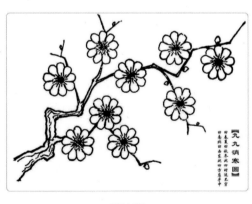

구구소한도

겸재 정선

(謙齋 鄭敾, 1676~1759)

겸재(謙齋) 정선(鄭敾 1676~1759)은 현재의 서울 종로구 청운동에서 태어났다. 우리나라 고유의 진경산수 화풍을 창시했고 뛰어난 진경산수화로서 명성을 날린 노론 계열의 화가이다. 20세에 김창집(金昌集)의 천거로 도화서의 화원이 되었다.

정선은 김창흡 문하생들과 교유하면서 사상적 예술적으로 성장을 했으며, 그중에서도 진경시의 대가인 사천(槎川) 이병연(李秉淵, 1671~1751)과는 평생에 걸친 지기가 되어 시화 (詩畵)를 서로 교환하였다. 정선이 회화로서 명

성을 떨치게 된 결정적 계기는 37세 때 이병연 등과 금강산을 유람하고 『해악전신첩』을 그린 것이다. 현재 『해악전신첩』은 전하고 있지 않다.

정선의 초기작은 실경산수와 회화식 전통에 근거하여 마침내 조선의 그림 속에 조선의 풍경과 사람들 모습이 등장하는 진경산수라는 새로운 양식을 개척하게 되어 동방 진경산수화의 종화(宗畵)가 되었다.

영조의 왕자 시절 그림 스승으로도 알려져 있다. 화가 중 드물게 장수한 정

선은 칠십 대 이후 붓을 들면 의식하지 않아도 그림이 되는 경지에 이르렀다. 이 시기의 작품을 보면 미완성인 것 같은 파격적 구도와 생략적 묘사가 종종 등장한다. 정선은 81세 때에는 종2품 가선대부 동지중추부사로 승차하는데 이는 조선 역사를 통틀어서도 거의 전례가 없는 파격적인 대우였다. 정선은 명예로운 만년을 보내다가 1759년 84세의 나이로 타계하였다. 현재(玄齋) 심사정(沈師正), 관아재(觀我齋) 조영석(趙榮祏)과 함께 삼재(三齋)라고 불렀다.

가. 계관만추(鷄冠晩雛) 견본채색. 30.5 × 20.8cm. 간송미술관

겸재 정선의 계관만추(鷄冠晩雛)를 그대로 풀이하면 맨드라미(*Celosia cristata*)와 뒤늦게 태어난 병아리란 뜻이다. 어미 닭과 함께 병아리가 한가롭게 노닐고 하늘에는 잠자리 한 마리가 맴도는 평화스러운 한낮의 모습이 담겨 있다. 겸재 정선의 그림은 소소한 정취보다는 장엄한 기세가 압도적인데 이 그림은 서정적이고 섬세하여 여성적인 느낌이 든다.

맨드라미가 피어 있는 마당에서 어미 닭과 병아리가 한가로이 노니는 이 그림은 평화로운 농촌 풍경화가 아니라 더 높은 관직으로의 출세를 기원하는 그림이다. 수탉의 볏은 모양이 관모(冠帽)를 닮아 계관(鷄冠)이라 하고 맨드라미는 꽃 모양이 닭 볏 같다고 해서 계관화(鷄冠花)라고 한다.

닭(鷄冠)과 맨드라미(鷄冠花)가 나란히 놓여 있지 않고 위아래로 그려져 있다는 것은 관상가관(冠上加冠)이라 하여 벼슬 위에 벼슬을 얹는다는 뜻으로 더 높은 관직으로 올라감을 상징한다.

맨드라미는 인도나 열대 지방이 원산지로서 비름과이고 봄에 파종하고, 여름에 개화한다. 꽃은 강원도에서 전을 부칠 때 고명으로 올리기도 한다.

맨드라미는 주로 담 밑이나 장독대 옆에 심는다. 이것은 지네의 침입을 물리친다는 중국의 전설에서 비롯된 것이다.

옛날 중국에 쌍희(雙喜)라는 사람이 노모를 모시고 산기슭에 살고 있었다. 산 고개에서 수탉과 지네가 격투가 벌어졌다. 오랜 시간 싸운 뒤에 지네는 죽고 지친 수탉도 숨을 거두었다. 쌍희는 수탉을 고개 위에 묻어주었는데 그 무덤에서 한 송이 꽃이 피었다. 핀 꽃이 마치 닭의 벼슬 같이 생겨서 계관화라 부르게 되었다고 한다.

닭은 지네만 보면 물어 죽인다. 닭의 화신인 맨드라미를 심으면 지네가 얼씬 못 한다고 믿었기 때문에 장독대나 담 밑에 맨드라미를 심는 풍습이 생겨났다. 이규보의 맨드라미라는 시가 위의 사실을 한마디로 표현하고 있다.

맨드라미 / 이규보

닭이 이미 꽃이 되어 곱고 예쁜데

어이해 더러운 뒷간에 있나

여태도 전날의 습관이 남아

지네 쪼아 먹을 생각인 게지

수탉에서 이미 꽃이 된 맨드라미가 옛 버릇 개 못 준다는 내용이다.

나. 등롱웅계(燈籠雄鷄) 견본채색. 30.5 × 20.8cm. 간송미술관

등롱웅계(燈籠雄鷄)란 꽈리꽃(*Physalis alke-kengi var. francheti*)과 장닭이란 뜻이다. 등롱은 등롱초(燈籠草)의 줄인 말로 흔히 꽈리라고 한다. 꽈리주머니 모양이 밤길을 밝히는 호롱 등인 청사초롱처럼 생겼다 해서 등롱초라고도 불린다. 또한 빨간 옷을 입은 낭자와 같다고 하여 '홍낭자'라고도 한다. 등롱초는 가지과 에 속하는 여러해살이풀로서 산과 들에서 자 주 발견되며, 집 근처 마당에 관상용으로 흔 히 심어 기른다. 여름이 되면 하얗고 작은 꽃  이 피고, 가을이 되면 붉은 주황빛의 주머니가 달리는데, 속을 헤집어보면 윤기가 흐르는 작고 단단한 빨간색 열매가 들어있다. 시간이 흐르면서 껍 질은 점차 쪼글쪼글해진다. 그래서 쭈글쭈글한 풋고추를 꽈리고추라고 한 다. 또한 툭 내민 입을 놀리는 투로 '꽈리주둥이'라고 한다. 웅계(雄鷄)는 수탉을 이르는 말로 장닭이라고 한다. 수놈인 장닭은 먹거리 문제에는 언 제나 양보하고 배려하는 관용을 보이지만 유독 사랑 행위에는 야만적이고 독선적이다. 부리로 암탉 볏을 물고 갈퀴 같은 큰 발로 꽉 잡고는 등에 올 라 피멍이 들고 털이 다 빠질 정도의 폭력성을 가진다. 여러 마리를 상대하 는 장닭의 정력은 일명 카사노바에 비견된다. 장닭 옆으로 쑥부쟁이가 피어 있는 모습으로 봐선 가을이다. 쑥부쟁이 옆으로 각다귀가 날고 있다. 땅바 닥 풀은 물통이(쐐기풀) 종류가 아닌가 한다. 청사초롱은 신랑이 말을 타고 신부 집으로 떠날 때와 신부가 가마를 타고 시집올 때 길을 비추어 주는 것이다. 이런 청사초롱을 뜻하는 등롱초에다 신부 집 앞마당에 차려지는 초례청에 올라가는 장 닭을 그렸으니 이 그림은 가을날의 혼례를 뜻하는 그림이다.

▲ 꽈리 열매

다. 하마가자(蝦蟆茄子) 견본채색. 30.5 × 20.8cm. 간송미술관

하마가자(蝦蟆茄子)는 '두꺼비와 가지'란 뜻으로 8폭 병풍 화조화 중 한 폭으로 서정성과 섬세함을 보여주고 있다. 가지 꽃이 활짝 핀 여름날 두꺼비와 쇠똥구리가 그려져 있다. 가지는 보라색 꽃과 함께 탐스러운 열매를 맺었다. 가지와 함께 하늘색의 도라지꽃도 활짝 피었다. 원래 쇠똥구리는 뒷발로 쇠똥을 옮기는데 이 작품에서는 앞발로 옮기는 쇠똥구리로 되어있어 실제 관찰을 하지 않고 그린 것인지 의심이 들게 한다.

우리 민족에게 두꺼비는 재복을 가져다주는 영물로 통한다. 콩쥐팥쥐전에서 자신을 구한 콩쥐를 위해 계모가 깨어진 항아리에 물 담기를 시킬 때 깨진 곳을 막아 주었다. 복스럽고 탐스럽게 생긴 갓 태어난 사내아이를 이르는 말로 '떡두꺼비 같은 아이'란 말이 있고, 아이들 놀음에 '두껍아 두껍아 헌 집 줄게 새집 다오' 란 놀이도 있다. 이렇듯 두꺼비는 생긴 것과는 다르게 우리 곁에서 친근한 동물이다.

도라지(*Platycodon grandiflorus*)는 초롱꽃과 도라지속에 속하는 단 하나뿐인 동아시아 · 중국 · 한국 · 일본이 원산지인 여러해살이풀이다. 꽃말은 '영원한 사랑'이다. "이 소리가 아닙니다. 이 소리도 아닙니다. 용각산은 소리가 나지 않습니다!"란 광고가 있었다. 과거 병원도 약도 귀하던 시절 용각산은 기침과 가래 등 목이 아플 때 기관지에 만병통치약이었다. 이 용각산의 주원료가 다름 아닌 도라지였다.

1987년 북녘을 대표하는 영화를 꼽으라면 '도라지꽃'이다. 숨은 영웅을 상징하는 '도라지꽃'의 주인공은 오미란으로 북한영화계에서 스타를 만들어 준 영화다. 또한 도라지 하면 경기도지방의 「도라지타령」이 있다.

"도라지 도라지 백도라지/심심산천에 백도라지/한두 뿌리만 캐어도/대광우리에 철철 넘누나"

가지(*Solanum melongena*)는 인도, 미얀마 지역이 원산지로 신라 시대에도 재배된 채소이기도 하다.

조선 중기 선대부터 내려오던 집에 살며 농사를 짓는 틈틈이 책을 읽고 시를 짓는 것을 낙으로 삼았던 이응희(李應禧 1579~1651)의 『옥담사집』에는 가자(茄子) 즉 가지란 시가 실려 있다.

가자(茄子) / 이응희(李應禧)

좋은 채소를 비 오는 저녁 모종했더니
한여름 되자 푸릇푸릇 잘도 자랐네

잎사귀 아래 푸른 옥 주렁주렁

줄기 사이로 자색 옥이 휘늘어졌네

맛이 진해서 먹으면 배부르고

채국으로 만들어 먹으면 숙취가 깨지

누가 무익한 채소라 했나

음식을 먹을 땐 없어선 안되지

   또한 가지는 생긴 것이 남근과 닮아 득남과 다산을 상징하는 식물로 여긴다. 이렇듯 하마가자(蝦蟆茄子)는 단순히 두꺼비와 가지 그림을 넘어 속에 담긴 뜻은 재복과 자손 번창을 바라는 의미를 담고 있는 그림이다.

라. 홍료추선(紅蓼秋蟬) 견본채색. 30.5 × 20.8cm. 간송미술관

   홍료추선(紅蓼秋蟬)은 '붉은 여뀌와 가을 매미'란 뜻으로 여뀌와 매미 그리고 바랭이 풀이 그려져 있다. 여뀌는 마디풀과의 여러해살이풀이다. 아무도 거들떠보지 않는 꽃, 여뀌 (*Persicaria hydropier*)는 물가에 흔하게 자라는 서민과 친근한 식물이다. 그렇지만 우리 선조들은 여뀌를 소홀히 대하지 않았다. 그림은 물론 시 속에서도 많은 자취를 남겨 놓아, 그를 증명하고 있다. 김인후의 한시 입문서인 『백련초해(百聯抄解)』에는 여뀌란 시가 실려 있다.

여뀌 / 김인후

붉은 소매로 가린 얼굴 구름 속 달 같고
활짝 웃는 예쁜 얼굴 물속의 연꽃일세
푸른 줄풀 잎에 서늘한 가을바람 불고
붉은 여뀌꽃 곁에 백로 한가롭게 노네

제안축(題雁軸), 외기러기 / 소세양

해 저문 강가에 외로운 그림자 쓸쓸하고
여뀌꽃은 시들고 강 언덕 어두운데
멀리 가을바람 향해 옛 벗을 부르지만
구름과 숲 만 겹이라 벗은 알지 못 한다네

붉은여뀌(紅蓼) / 신위

낚시터는 먼 곳의 푸른 산을 가로막고
물가에 무성한 여뀌 꽃은 작은 배에 들어오네
새벽바람에 지는 달에 걸린 버드나무를 서늘하게 벗하니
백로 날아들고 오리가 씻는 물가를 담담히 가려주네
주인이 아직 강호의 꿈 깨지 못하니

배 집에 갯내음 실려 오는 듯
정자 주렴 앞 성근 비 그치니
몇 줄기 붉은 여뀌 정원과 잘 어울리네

또한 여뀌는 '요화(蓼花)'라고도 하며 了(마칠 료)와 발음이 같아 '학업을 마치다.'라는 뜻으로 쓰이기도 한다.

중국 진나라 육운(陸雲)은 매미를 보고 다섯 가지 덕을 갖춘 곤충이라고 그의 한선부(寒蟬賦)에 적었다.

"머리에 관대가 있으니 문인의 기상을 갖춘 것이요/천지의 기운을 품고 이슬을 마시니 청정함을 갖춘 것이요/곡식을 먹지 않으니 청렴함을 갖춘 것이며/거처함에 둥지를 만들지 아니하니 검소함을 갖춘 것이요/때에 응하여 자신의 할 도리를 지키어 울어대니 신의를 갖춘 것이다."

그래서 옛 임금은 매미의 양 날개를 위로 향하게 형상화한 익선관(翼蟬冠)을 쓰고 국정을 돌보았다. 매미의 성덕과 날개처럼 투명하게 선정을 펼치라는 뜻이다. 조정의 문무백관도 양 날개를 옆으로 행하게 한 관모를 썼다. 그 이유는 매미의 오덕을 망각하지 말고 공직자로서 품격을 지켜나가라는 뜻이다. 홍료추선(紅蓼秋蟬)은 학업을 마치고 좋은 관직에 나가기를 바라는 뜻이 담겨 있는 그림이다.

마. 석죽호접(石竹蝴蝶) 견본채색. 30.5 × 20.8cm. 간송미술관

석죽호접(石竹蝴蝶)은 '패랭이꽃과 나비'란 뜻으로 패랭이꽃(*Dianthus chinensis*)은 모양이 옛날 민초들이 댓개비를 엮어 만든 모자인 패랭이를 닮아서 이런 이름이 붙여졌으며, 석죽(石竹)은 줄기와 잎이 대나무를 닮아서 붙여진 이름인데 대나무와는 달리 별 쓸모없는 풀이라서 돌(石)을 붙여 석죽(石竹)이 된 듯하다. 패랭이꽃 하면 고려 시대 문신인 정습명이 지은 석죽화가 유명하다.

석죽화(石竹花) / 정습명

세상 모두 붉은 모란꽃만 사랑하여
뜰 안에 가득 심고 가꾸네
누가 이 거친 초야에
좋은 꽃 있는 줄 알기나 하랴
어여쁜 모습은 연못 속의 달을 꿰뚫었고
향기는 바람 타고 언덕 너머까지 전하네
외진 땅에 있어 찾는 귀공자 적어
아리따운 자태는 농부의 차지가 되네

어느 환관(宦官)이 임금 앞에서 이 '석죽화'를 읊으니 임금이 감탄하여 정습명을 옥당(玉堂)에 보임하였다는 일화가 『파한집』에 전한다. 이에 따른 다면 '석죽화'는 바로 정습명의 출세작이 된 셈이다.

호랑나비와 활짝 핀 패랭이꽃 그리고 갈대꽃에 메뚜기 한 마리가 내려앉 아 있는 모습의 석죽호접(石竹蝴蝶)은 장수를 소망하는 그림이다. 석죽(石 竹)의 한자를 그대로 풀이하면 바위와 대나무는 오래도록 변하지 않고 항 상 푸르름을 유지하는 것이고 나비의 접(蝶)은 중국의 음으로 '80노인 질 (耋)'과 음이 같아 80세를 의미한다. 그러므로 석죽호접(石竹蝴蝶)은 건강 한 노년의 삶을 소망하는 그림이라고 할 수 있다.

바. 과전청와(瓜田靑蛙) 견본채색. 30.5 × 20.8cm. 간송미술관

과전청와(瓜田靑蛙)는 오이밭에 청개구리 란 뜻으로 붉은 패랭이와 색비름이 이색적이 다. 개구리를 신성함과 다산(多産)이라는 상 징으로 여겼다. 어르신들은 '과년한 딸'이라 고 말한다. 두 가지 의미가 있는데 하나는 나 이가 많아 혼기를 놓친 딸이라는 과년(過年)과 결혼 적령기의 딸이 있다는 말 두 가지다. 이때 는 과년(瓜年)이라고 쓴다. 여기서 '과'는 오이

(Cucumis sativus)라는 뜻이다. 결혼 적령기가 '오이의 나이'라는 것이다.

오이 과(瓜)를 쪼개면 여덟 팔(八)자, 두 글자로 나뉜다. 8과 8로 분해되 는 것인데 합치면 열여섯이다. 오이의 나이인 '과년'은 열여섯 살이라는 뜻

으로 옛날에는 결혼할 나이를 의미했다. 예전에는 보통 열여섯 살 무렵에 생리를 시작했다. 다시 말해 아이를 낳을 수 있다는 것이니 어른이 됐다는 뜻으로 오이의 나이인 과년이 결혼 적령기인 것이다.

동서양을 막론하고 오이는 생명의 상징이고 다산과 풍요를 의미하는 식물이었다. 장수를 상징하는 패랭이와 나비, 다산을 상징하는 개구리, 번영을 상징하는 오이가 어우러진 과전청와(瓜田靑蛙)는 한마디로 다산과 풍요를 상징하는 그림이라고 할 수 있다.

사. 서과투서(西瓜偸鼠) 견본채색. 30.5 × 20.8cm. 간송미술관

서과투서(西瓜偸鼠)는 수박과 도둑 쥐란 뜻이다. 수박을 파먹는 쥐, 그리고 붉게 물든 바랭이풀과 아래쪽의 푸른빛 달개비로 한결 다채롭고 자연스럽게 꾸며냈다. 이 그림을 보면 조선의 대표적인 여성 화가였던 신사임당 작품으로 생각할 것이다. 하지만 분명 겸재의 그림이다. 그것도 70대 후반 노년기에 그렸다. 바랭이(*Digitaria ciliaris (Retz.) Koel.*)는 벼과의 한해살이풀이다. 강력한 생존 경쟁력을 가지고 있어 자손 번창을 의미한다.

수박(*Citrullus vulgaris*)은 남아프리카 원산의 한해살이 덩굴식물로 서과(西瓜)라고 한다. 약 4000년 전 고대 이집트에서 재배되기 시작했다. 스코틀랜드 탐험가 리빙스턴(David Livingstone, 1813~1873)이 아프리카 칼라하리 사막에서 야생수박을 처음으로 발견했다.

수박은 이집트에서 서역을 거쳐 중국 송나라와 고려에 전해졌다. 당시 수박은 흔하지 않았다. 조선 중기의 문신인 허균은 우리나라 팔도의 명물 토산품과 별미를 소개한 『도문대작』이란 책을 썼는데, 그 책에 '고려를 배신하고 몽골에 귀화해 고려 사람을 괴롭힌 홍다구가 처음으로 개성에 수박을 심었다'라고 썼다.

홍다구는 고려 충렬왕 때의 인물로, 고려에 몽골 감독관으로 와서 머무는 동안 온갖 행패를 부렸던 인물이다. '씨 없는 수박'은 원예육종학자인 우장춘 박사가 연구한 품종으로 1953년에 씨 없는 수박을 생산하여 세계적으로 유명하다.

쥐도 많은 자손을 번창시키는 동물이고 수박 또한 속에는 많은 씨가 있다. 서과투서(西瓜偸鼠)는 수박 서리라는 추억도 생각나게 만드는 그림이지만 자손 번창의 의미가 담겨 있는 그림이다.

화재 변상벽

(和齋 卞相璧, ?~1775)

화재(和齋) 변상벽(卞相璧)은 도화서 출신의 직업 화가로 조선 영조 시대에 활동하였던 화가이다. 호는 화재(和齋)로 1763년과 1773년 두 차례에 걸쳐 영조 어진 제작에 참여했다. 그것을 계기로 영조 때 화원으로서 곡성 현감(1773년)에 오르게 되었다. 닭과 고양이를 잘 그려 변계(卞鷄), 변고양이(卞猫)라고 했다. 최고의 초상화가로 평생 동안 어진을 비롯해 100여 점에 달하는 명현들의 초상화를 그려 국수(國手)로 일컬었다. 조선 후기 사실주의 화법 전개와 동물화의 발전에 크게 기여하였다.

가. 국정추묘(菊庭秋猫), 지본채색 29.5 × 22.5cm. 간송미술관

국정추묘(菊庭秋猫)는 '가을날 뜰에 핀 국화와 고양이'란 그림이다. 웅크리고 있는 고양이 뒤로 갈대와 함께 5송이의 국화꽃이 활짝 피었다.

포은 정몽주(鄭夢周)는 국화꽃(*Chrysanthemum morifolium*)을 매우 사랑했다. 그의 정전국화탄(庭前菊花嘆)이란 시가 있다. 정전국화탄(庭前菊花嘆)은 '뜰 앞에 핀 국화를 탄식하며'란 뜻이다. 전체 26행 중 끝부분 8행을 인용하면 다음과 같다.

정전국화탄(庭前菊花嘆) / 정몽주(鄭夢周)

꽃은 말을 하지 못하지만, 아름다운 그 마음을 나는 사랑하네
평생 술 마시지 않으나, 널 위해 한 잔은 들겠고
평생 이를 보이고 웃지 못하나, 널 위해 한바탕 웃으리
국화는 내가 사랑하는 꽃, 복사꽃 배꽃보다도 보기 좋다네

조선 후기의 문신 이정보(李鼎輔)도 오상고절(傲霜孤節)이란 시에서 다음과 같이 읊었다.

국화(菊花)야 너는 어이 삼월동풍(三月東風) 다 지내고
낙목한천(落木寒天)에 네 홀로 피었는다
아마도 오상고절(傲霜高節)은 너뿐인가 하노라

국화야 너는 어찌하여 따뜻한 봄철이 다 지나간 후에야

이렇게 잎이 지고 추운 계절에 너 홀로 피어 있느냐?

아마도 매서운 서리를 이겨내는 꿋꿋하고 높은 절개는 너뿐인가 하노라

위 시로 인해서 국화를 일컬어 오상고절(傲霜孤節)이라고 한다. 중국 삼국시대 위나라 장수 종회(鍾會)는 국화의 다섯 가지 아름다움을 노래했다.

하나, 밝고 둥근 것이 높이 달려 있으니 하늘의 덕(天德)이오

둘, 땅을 닮아 노란색을 띠니 땅의 덕(地德)이오

셋, 일찍 심었는데도 늦게 피어나니 군자(君子)의 덕이오

넷, 서리를 이기고도 꽃을 피우니 지조(志操)의 덕이오

다섯, 술잔에 꽃잎을 띄워 마시니 풍류(風流)의 덕이라

조선 중종 때의 영의정을 지낸 신용개(申用漑)의 국화 풍류는 유명하다. 중양절 밤에 부인에게 주안상을 차려 오라고 부탁하였다. 손님이 온 기척이 없어 부인이 기이하여 숨어보았다. 그런데 여덟 그루의 국화 화분을 앞에 놓고 꽃과 대작(對酌)을 하는 것이 아닌가. 꽃에 술을 권하여 화분에 술을 붓고 이야기를 한다. 다시 꽃잎 하나 따서 술잔에 띄워 주고받으며 마시기를 취하도록 하였다. 이 얼마나 멋들어진 군자의 풍류(風流)인가.

국화에는 종류가 많다. 쑥부쟁이 · 구절초 · 벌개미취 · 데이지 · 감국 · 산국 · 국화 등 이렇게 많을 줄을 몰랐다. 들에 핀 국화는 모두 들국화로 하나인 줄 알았다. 쑥부쟁이와 구절초가 다른 것인 줄 몰라 무식하다는 말을 들었다. 그래서 안도현 시인의 무식한 놈이 생각난다.

무식한 놈 / 안도현

쑥부쟁이와 구절초를
구별하지 못하는 너하고
이 들길 여태 걸어왔다니
나여, 나는 지금부터 너하고 절교다!

속담에는 '짚신에 국화 그리기'라는 말이 있는데, 이것은 격에 맞지 않는 짓을 하거나 주가 되는 것이 천해서 화려하게 꾸미는 것이 당치 않을 때 이를 비유하는 것이다.

국화는 군자 가운데서도 '덕을 가진 선비'의 이미지에 부합된다. 국화가 언제 우리나라에 전래 되었는지는 정확히는 알 수 없으나 조선 세종 때 강희안(姜希顔)이 지은 『양화소록(養花小錄)』에는 고려 충숙왕 때 중국의 천자가 보낸 것으로 기록되어 있다.

국정추묘(菊庭秋猫)의 5송이 국화 속에서 이렇게 많은 이야기가 쏟아 나올 줄 미처 몰랐다.

나. 모계영자도(母鷄領子圖), 비단채색, 100.9 × 50cm, 국립중앙박물관

화재 변상벽의 대표작 중 하나인 모계영자도(母鷄領子圖)다. 이 그림은 잘 그리기도 했지만, 다산 정약용이 이 그림을 보고 시를 지음으로써 많은 사람으로부터 주목을 받았다.

그림 왼편 상단으로 벌과 나비 그리고 괴석이 있는데 그사이에 향기로운 찔

레꽃이 피었다.

찔레꽃(*Rosa multiflora Thunb. var. multiflora*)은 장미과 꽃이다. 영어명이 야생장미를 뜻하는 'wild rose'다. 찔레꽃이라는 말 자체가 '가시(찔레) 달린 꽃'을 뜻한다. 우리가 아는 장미는 유럽과 아시아에 피는 이런 찔레꽃을 모아 18세기 말 개량한 꽃이다. 장미과 학명에 들어가는 Rosa는 라틴어로 장미를 뜻한다. 우리의 관점에서는 장미도 찔레꽃 가운데 하나라고 봐야 한다.

야산이나 들녘에 피어난 찔레꽃 한 송이를 바라보면 고혹적인 매력을 품고 있는 향기로움에 이끌리곤 한다.

작은 꽃 가득히 풍성하게 피면 탐스럽기만 하다. 봄이 한창 무르익을 때쯤 하얀색 꽃이 피는데 소박하면서 은은한 향기와 함께 흰색을 좋아하는 우리 민족의 정서와 아주 잘 맞는다.

찔레꽃의 꽃말은 고독, 가족의 그리움과 사랑이다. 한때 국민가요로 불릴 정도로 많이 불렸던 노래 백난아의 '찔레꽃'은 대중들로부터 많은 사랑을 받았다. 노랫말은 이렇게 시작된다.

찔레꽃 붉게 피는 남쪽 나라 내 고향
언덕 위에 초가삼간 그립습니다

어려서부터 오랫동안 찔레순을 꺾어 먹으며 찔레꽃을 보았다. 그런데 지금까지도 붉게 피는 찔레꽃은 보지 못했다. 그래서 아마 찔레꽃과 비슷한 붉은 꽃을 보고 가사를 짓지 않았나 생각한다.

옛날 고려가 원나라의 지배를 받고, 고려에서는 해마다 어여쁜 처녀들을 조공으로 바쳐야만 했던 시절 어느 산골에 찔레와 달래라는 가난한 자매가 병든 아버지와 함께 살았다.

어느 날 자매는 아버지의 약값을 구하려고 나물과 약초 등을 캐러 나갔다가 관원들 눈에 띄어 잡혔다. 자매는 사정 이야기를 한 후, 언니인 찔레만 원나라에 가게 됐다. 다행히 좋은 주인을 만나서 좋은 환경에서 지냈다. 하지만 찔레는 동생 달래와 병드신 아버지 생각뿐이었다. 밤낮없는 고향 생각에 몸도 마음도 약해진 찔레를 본 주인은 찔레를 고향에 다녀오도록 허락했다.

찔레는 10년 만에 고향에 돌아올 수 있었지만, 꿈에 그리던 오두막은 간곳 없고 잡초만 무성하게 우거져 있었다. 찔레가 끌려간 뒤 아버지는 감나무에 목을 매어 죽었다. 그것을 본 달래는 정신없이 밖으로 뛰쳐나가 그 뒤로 소식이 없다는 이야기를 듣게 된다.

찔레는 달래를 찾아 산과 들을 헤매 다녔다. 가을이 가고 겨울이 오고 눈이 내리던 날, 산길에 쓰러진 찔레는 눈에 덮여 외롭게 죽었다. 봄이 되자 찔레가 쓰러진 산길에 하얀 꽃이 피어났다. 찔레의 고운 마음은 눈처럼 새하얀 꽃이 되고, 찔레의 서러운 운명은 빨간 열매가 되었다. 사람들은 그 꽃을 찔레꽃이라 불렀다.

모계영자도(母鷄領子圖)의 찔레꽃을 보면서 애달픈 찔레에 대한 전설을 다시 한 번 생각하게 된다.

다. 군묘작작도(群猫鵲雀圖), 지본채색 124.5 × 60cm 서울대박물관

군묘작작도(群猫鵲雀圖)의 그림에는 5마리의 참새와 4마리의 고양이 그리고 1마리의 까치가 그려져 있다. 까치와 참새가 앉아 지저귀고 있는 나무는 개오동나무(*Catalpa ovata* G.Don)다.

개오동나무는 능소화과에 속하는 나무로 중국에서 들어와 중부 이북에 식재되어 온 수종이다. 커다란 잎이 달린 나무 모양이 오동나무와 비슷하긴 하지만 쓸모가 오동나무만 못해 개오동이란 이름이 붙었다. 열매가 노끈처럼 길게 자란다 하여 '노끈나무'라고 부르기도 한다. 개오동은 예부터 벼락이 피해 가는 나무라 하여 뇌신목(雷神木)으로 부르며 신성시했다. 『박물지(博物志)』에도 개오동을 뜰에 심으면 벼락이 떨어지는 일이 적다고 기록되어 있다.

우리나라에서도 이 민속을 따라 궁궐이나 절간 같은 큰 건물에는 개오동을 심었다. 개오동은 꽃향기가 좋아 북한에서는 '향오동'이라고 한다. 1992년에 김일성이 "모양도 좋고 향기도 그만인데 왜 하필이면 이 나무를 개오동나무라고 하느냐 향오동으로 이름을 바꿔라." 하여 향오동이 되었다고 한다.

개오동은 오동나무보다 단단하며 판자로 켜면 아름다운 무늬가 있다. 습기에 견디는 성질이 강하여 가구나 악기 및 나막신, 철도, 침목 등으로 사용되었다. 군묘작작도(群猫鵲雀圖)에서 열매는 보이지 않지만 노끈처럼 늘어진 그림을 보고 개오동나무란 것을 알게 한다.

현재 심사정

(沈師正, 1707~1769)

현재 심사정(沈師正, 1707~1769)은 영의정을 지낸 심지원(沈之源)의 증손이자 심익창(沈益昌)의 손자이며 포도를 잘 그렸던 심정주(沈廷冑)의 아들이다. 포도와 인물을 잘 그렸던 정유승(鄭維升)의 외손자이기도 하다. 명문 사대부 출신이면서도 과거나 관직에 오르지 못하고 일생 동안 화업(畵業)에 정진하였다. 할아버지 심익창이 왕세자 시해 사건에 연루되어 집안이 몰락하였기 때문이다. 심익창이 김일경(金一鏡)의 연잉군(延礽君) 시해에 가담하였으나 실패하면서 그의 집안은 역모 죄인 집안이 되어 영원히 재기할 수 없게 되었다.

부친 심정주를 비롯하여 심사정은 다행히 화를 면하였지만, 관직에 나가지 못하고 일생을 그림으로 지냈다. 친가와 외가의 그림에 대한 소질을 이어받았던 심사정은 몰락한 양반이라는 처지로 인하여 직업 화가의 길을 걸었다. 그의 뛰어난 실력은 궁정에까지 알려지게 되어, 그가 마흔두 살이 되던 해에 '영정모사도감'이라는 왕의 인물화를 그려내는 관청의 감독으로 뽑히게 되었다. 그만큼 그의 실력을 인정받았기 때문이었다. 그러나 역적의 자손이 나라의 녹을 먹는 관리가 되게 할 수 없다는 반대파의 상소가 올라와 심사정은 단 나흘 만에 해임되고 말았다.

　너무나 오랫동안 힘들게 지내왔던 심사정과 그의 가족들에게 주어진 관직의 기회는 물에 빠진 사람에게 던져진 지푸라기처럼 생명과 같은 것이었을 것이다. 하지만 자신이 저지르지도 않은 일 때문에 그 기회를 빼앗기게 된 후, 심사정은 모든 욕심을 버리고 그림에만 몰두하였다.

　인생의 모든 욕심을 버린 채 그림에만 자신을 담기 시작한 것이다. 심사정의 묘비명에는 '어려서부터 늙을 때까지 근심과 걱정이 끊이지 않는 쓸쓸한 날을 보내면서도, 하루도 붓을 쥐지 않은 날이 없었다.'라고 적혀 있다. 짊어진 삶의 아픔과 쓰라림을 그림으로 풀어낸 것이 아닌가 싶다.

가. 화훼초충도(花卉草蟲圖), 종이채색 163cm × 43cm, 국립중앙박물관

　화훼초충도(花卉草蟲圖)의 화면 가득 노란 꽃을 피운 나무는 금계(金桂)(*Osmanthus fragrans*)이다. 가을이면 진한 향기가 널리 퍼져서 계절의 시작을 알리는 나무다. 이른 가을날 금계 사이에 앉아있는 매미가 맑은 소리를 내고, 그 아래에 핀 작은 들국화와 방아깨비는 그 풍취를 더해준다. 특히 매미와 방아깨비는 매우 사실적으로 그려져 계절의 맛을 더해준다.

　중국에서는 금계를 계수(桂樹)라 불렀으며 달에 있다고 믿었다. 전설에 따르면 오강(吳

剛)이 달나라의 계수나무를 베는 형벌을 받았는데, 베는 자리마다 새로운 가지가 돋아났다고 한다. 이 전설이 우리나라로 넘어와 달에 계수나무가 있다고 믿게 되었다. 실제로 우리가 알고 있는 계수나무는 계수나무과의 낙엽활엽교목으로 목서와는 전혀 다른 종이다. 목서를 계수라고 불리는 것에 대한, 혼동이 낳은 결과로 우리나라에서는 달에 계수나무가 있고 토끼가 그 옆에서 떡방아를 찧는다는 전설이 탄생 된 것이다.

금계의 향기는 천 리를 간다고 하여 '천리향'이라는 속칭이 있다. 꽃말은 '첫사랑' '유혹'이다. 꽃이 귀한 이른 가을에 피는 덕에 옛날엔 사랑채 앞에 심고 선비의 꽃이라 부르며 사랑받기도 했다. 우리나라에선 추위에 약해 남부 지역에 주로 많이 자라며, 이르게는 8월 말에서 9월 초에 꽃이 핀다. 9월 중순을 넘기면 꽃이 흐드러지게 핀다. 심사정의 화훼초충도(花卉草蟲圖)를 보고 있노라면 맑은소리와 함께 짙은 향기가 방 안 가득 퍼지는 느낌이다.

나. 연비문행(燕飛聞杏), 견본채색 15.0 X 21.8cm, 간송미술관

연비문행(燕飛聞杏)을 그대로 풀이하면 '나는 제비가 살구꽃을 보다.'이다. 살구꽃이 남빛인 것은 연분홍빛 연분이 산화되어 변색되었기 때문이다. 살구나무(*Prunus armeniaca var. ansu Maxim.*)에서 살구(殺狗)는 '개를 죽인다'는 뜻으로 아름다운 꽃이 피는 나무치고는 이름이 무시무시한 나무이다. 그런데 이 나무를 뜻하는 행(杏)을 사용하면 이미지가 달라진다. 살구꽃은 행화(杏花)요, 살구씨는 행인(杏仁)이다. 공자가 제자를 가르친 곳이 행단(杏壇)이고, 공자가 강조한 사상이 인(仁)이다.

그리고 살구꽃이 피는 마을을 행화촌(杏花村)이라 했는데 의미는 술집을 의미했다. 그 유래는 중국 당나라 후기의 시인이었던 두목(杜牧)의 '청명'이라는 시에서 유래했다.

청명(淸明) / 두목(杜牧)

청명시절우분분(淸明時節雨紛紛)
노상행인욕단혼(路上行人欲斷魂)
차문주가하처재(借問酒家何處在)
목동요지행화촌(牧童遙指杏花村)

청명절에 봄비가 부슬부슬 내리니
길 가는 나그네 넋을 잃었네
나그네가 묻노니 술집이 어디에 있소?
목동이 저 멀리 살구꽃 핀 마을을 가리키네

당나라 때 과거시험에 합격한 사람들은 장안(長安)의 명승지인 곡강(曲江)의 살구나무 동산인 행원(杏園)에서 환영과 축하연을 베풀어 주었다. 그래서 살구꽃을 과거시험에 급제한 꽃을 의미하는 '급제화(及第花)'라고도 부른다.

중국 삼국시대, 오(吳)나라에 동봉(董奉)이라는 명의가 있었다. 그는 산

속에 살면서 사람들을 치료해 주었는데, 환자들로부터 치료비를 받지 않고 병이 중한 사람은 살구나무 다섯 그루를, 병이 가벼운 사람은 한 그루를 심게 하였다. 몇 년이 지나지 않아, 그의 집은 십만여 그루의 살구나무가 무성한 숲을 이루었다. 사람들은 동봉을 동선(董仙)이라 불렀고, 살구나무 숲을 '동선행림(董仙杏林)'이라 불렀다. 살구나무 숲에는 수많은 곤충과 동물들이 와서 놀았으므로, 마치 김을 맨 것처럼 잡풀도 나지 않았다.

살구가 익자 그는 살구 숲에 창고를 지어 놓고 사람들에게 말했다. "살구를 사려는 사람들은 와서 알릴 것 없이 알아서 가져가시오. 곡식 한 바가지를 창고에 넣고 살구 한 바가지를 가져가면 됩니다."

그런데 곡식을 조금 가져와서 살구를 많이 가져가는 사람이 있으면 호랑이가 쫓아갔다. 무서워 도망가면서 살구가 쏟아지면 호랑이는 되돌아갔는데, 집에 도착해 살구를 가늠해 보면 자기가 가지고 갔던 곡식의 양과 같았다. 어떤 사람이 빈손으로 와서 살구를 훔쳐 갔는데 호랑이가 그 집까지 쫓아가서 물어 죽였다. 그런데 집안사람들이 이것이 훔쳐 온 살구라는 것을 알고 살구를 되돌려 주고 머리를 조아리며 사과하자 죽은 자가 살아났다. 그 후부터 살구를 사는 사람은 숲속에서 스스로 양을(가져온 곡식의 양과) 맞추었고, 감히 속이는 자가 없었다.

동봉은 해마다 이렇게 얻은 양곡을 팔아 가난한 사람들을 구제하고 나그네들에게 주었는데, 한 해에 무려 3,000곡(斛)을 썼으며, 그리고도 곡식이 많이 남았다. 그는 어느 날 신선이 되어 하늘로 올라갔는데, 인간 세상에 300여 년이나 머물렀으면서도 용모는 30여 세의 젊은이 같았다.

이 이야기는 『신선전(神仙傳) 동봉(董奉)』에 나오는 이야기다. 동봉의 이야기에서 '행림춘만(杏林春滿)'이란 고사가 생겨났다. '살구나무 숲에 봄이 가득하다.' 란 뜻으로 '행림'은 의학계를 지칭하는 말로, 의술이 고명하거나 인술을 베푸는 것을 비유하는 말로 쓰이게 되었다.

우리나라에도 슈바이처 같은 '행림춘만'의 의사들이 국내는 물론 낙후된 나라에서 인술을 베풀며 활동하고 있다. 연비문행(燕飛聞杏) 즉 '제비가 바라보는 살구꽃'에는 이렇게 많은 이야기가 숨어 있다.

다. 포도이숙(葡萄已熟), 종이수묵 27.6 × 47cm 간송미술관

포도이숙(葡萄已熟)은 '포도가 익다' 라는 그림이다.

『박물지 博物志』에 의하면 코카서스와 카스피해 연안이 원산지인 포도(Vitis vinifera L.)가 중국에 들어온 것은 기원전 128년경 장건(張騫)에 의해서라고 한다.

포도의 고향은 대체로 기독교의 발상지와 일치한다. 성경에 수없이 등장할 정도로 기독교와 관련이 깊은 식물이다. 평화와 축복, 풍요와 다산의 상징이며, 올리브나무와 함께 기독교가 이어온 역사를 함께한 나무다. 『구약성서』 창세기 편에는 노아의 홍수가 끝나고 방주에서 나와 농사를 짓기 시작할 때 포도나무를 심었다고 한다.

고고학적인 자료와 이런 기록을 종합해볼 때 기원전 3~4천 년 전부터 포도는 사람들이 재배한 과일나무였다. 포도는 날것을 그대로 먹는 과일이기도 하지만 포도주의 원료로서도 큰 부분을 차지했다.

성경에도 포도주 · 건포도 · 포도즙 등 포도를 어떻게 애용했는지를 짐작할 수 있는 표현들이 여러 군데 나온다.

포도는 중국인에게 수입 초기부터 귀물(貴物)로 여겨지며, 풍류재사(風流才士)들의 시문(詩文) 소재로 일찍부터 애호되었다. 명나라 초기 문인 화가인 악정은 이렇게 말했다.

"줄기가 수척한 것은 청렴함이요, 마디가 굳 센 것은 강직함이요, 가지가 약한 것은 겸손함이요, 잎이 많아 그늘을 이루는 것은 어진 것이요, 덩굴이 벋더라도 의지하지 않는 것은 화목함이요, 열매가 과실로 적당하여 술을 담을 수 있는 것은 재주요, 맛이 달고 독(毒)이 없고, 약재에 들어가 힘을 얻게 하는 것은 쓰임새요, 때에 따라 굽히고 펴는 것은 도(道)이다. 그 덕이 이처럼 완전히 갖추어져 있으니, 마땅히 국화·난·매화·대나무와 함께 달려 선두를 다툴 만하다."

조선에서는 영곡(影谷) 황집중의 포도 그림이 유명하다. 이후 포도 그림은 홍수주(洪受疇, 1642~1704), 이계호(李繼祜 1574~1645), 심정주(沈廷冑 1678~1750) 등으로 이어지면서 조선 후기 문인들에게 이어졌다. 그중 심정주가 바로 심사정의 부친으로, 현재가 포도 그림을 능숙하게 그려낼 수 있었던 것은 이런 가학(家學)에 힘입은 것이라 하겠다.

포도이숙(葡萄已熟)의 그림에서 포도송이와 잎이 어우러지면서 만들어 내는 묘미가 일품이며, 변화무쌍한 넝쿨의 동세는 전체 화면에 생동감을 불어넣고 있다. 이만한 솜씨라면 현재를 조선 후기 최고의 포도 화가라 하여도 지나치지 않을 듯하다.

라. 훤초봉첩(萱草蜂蝶), 비단채색 22.0 × 16.1cm 간송미술관

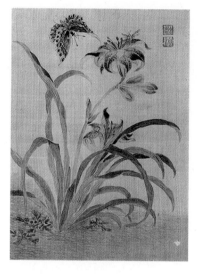

훤초봉첩(萱草蜂蝶)이란 '원추리 꽃에 벌과 나비'란 뜻이다.

원추리(*Hemerocallis fulva L.*)는 한자로 훤초(萱草)라고 하며, 근심을 잊게 해 준다고 하여 망우초(忘憂草)라고 부른다. 여자가 임신하였을 때 몸에 이 꽃을 지니면 아들을 낳는다고 하여 의남초(宜男草)라고도 불렀다. 또한 잎이 넓어 넘나물이라는 별칭도 가지고 있다.

우리가 상대방의 어머니를 높여 부르는 말로 훤당(萱堂)이라고 한다. 왜 원추리가 들어갔을까? 옛날에 효자는 어머니가 나이가 들면 집 뒤편에 별당을 짓고 그곳에 모셨다. 별당으로 물러날 정도로 연로하면 곳간 열쇠를 며느리에게 물려준다. 이제는 모든 근심 걱정을 다 잊고 노후를 편히 지내시라는 의미로 원추리를 별당에 심었다. 원추리는 망우초로 근심을 잊게 해주는 꽃이기 때문이다.

따라서 훤당(萱堂)이라는 말은 '모든 근심 걱정 다 잊고서 노후를 편히 지내시라'는 염원을 담은 뜻이다.

원추리 종류들을 총칭하는 라틴어로 헤메로칼리스(Hemerocallis)라 하는데 '하룻날의 아름다움'이라는 뜻이다. 헤메로칼리스가 뜻하는 것은 '원추리 꽃의 수명은 하루이다'는 것이다. 원추리꽃 한 송이의 수명은 하루이지만 피고 지고 또 피는 무궁화처럼 꽃이 번갈아 가며 피기 때문에 오랫동안 볼 수 있다.

원추리는 식용자원으로도 중요시되었다. 조선시대『훈몽자회(訓蒙字會)』와『산림경제(山林經濟)』에서는 훤초(萱草)에 대해 원츄리 또는 업나믈로 표기해 놓았다. 이미 1500년대부터 원추리는 대표적인 봄나물 식물로 이용되었음을 알 수 있는 대목이다.

훤초봉첩(萱草蜂蝶)은 근심 걱정 다 잊고서 노년까지 편히 지내라는 뜻이 담긴 그림이다.

마. 연지유압(蓮池遊鴨), 비단채색, 142.3 × 72.5cm 호암미술관

연지유압(蓮池遊鴨)은 '연꽃 있는 못에 오리가 노닌다.'란 뜻이다. 그림 위쪽에는 화제가 있는데 '청나라 장정석(1669~1732)의 그림을 보고 옮겨 그렸다.'라고 적혀 있다. 장정석(蔣廷錫)의 호는 남사(南沙)로 청나라의 궁정화가이다. 옹정(雍正) 연간에 예부시랑, 문화전 대학사 등을 지낼 만큼 문신으로서도 능력이 있던 인물이다.

하지만 그냥 베낀 것이 아니라 심사정 자신의 것으로 재창조한 것이다. 심사정의 다른 그림과 다르게 여성적 아름다움이 넘쳐나는 그림이다.

연지유압(蓮池遊鴨)은 전형적인 선비의 '출세 그림'이다. 고급비단에 담채 방식으로 색을 칠했다. 연꽃과 오리 한 쌍 그리고 갈대가 그려진 이 그림을 보고 선비들의 출세를 떠올리는 것은 불가능하다. 사물이 가지고 있는 생태적 특성에 따른 상징은 전혀 반영되어 있지 않기 때문이다. 제목도 '연꽃이 있는 못에 오리가 노닌다.'가 되어 마치 한 편의 시를 연상시킨다.

하지만 이름을 풀어보면, 오리는 압(鴨)이다. 압(鴨)은 갑(甲)과 조(鳥)의 결합이다. 갑(甲)은 으뜸이란 뜻으로 장원급제를 뜻한다. 두 마리의 오리는 이갑(二甲), 즉 향시(鄕試)와 전시(殿試)에서 모두 장원급제를 하라는 의미이다. 또한 연꽃에는 당연히 연과(蓮果)가 있는데 연과는 연과(連科)와 발음이 같기 때문에 '연달아 과거시험에 합격하다.'라는 뜻이다.

연꽃(*Nelumbo nucifera Gaertn.*)은 인도와 중국이 원산지인 꽃이다. 연꽃 씨앗은 생명력이 대단하기로 유명하다. 중국에서 발견된 1000년 묵은 씨앗이 발아된 적도 있고, 일본에서는 2000년 묵은 씨앗이 발아하기도 했다. 우리나라에서도 700년 된 연꽃 씨앗이 발화하여 '아라홍련'이라고 불린다.

연꽃은 더러운 연못에서 깨끗한 꽃을 피운다 하여 선비들로부터 사랑을 받아왔다. 중국 북송(北宋) 시대의 학자 주무숙(周茂叔)은 『애련설(愛蓮說)』에서 이렇게 읊었다.

"내가 오직 연꽃을 사랑함은, 진흙 속에서 났지만 거기에 물들지 않고
맑은 물결에 씻겨도 요염하지 않기 때문이다. 속이 비어 사심이 없고
가지가 뻗지 않아 흔들림이 없다. 그윽한 향기는 멀수록 더욱 맑고
그의 높은 품격은 누구도 업신여기지 못한다. 그러므로 연은 꽃 가운데 군자라 한다."

아름다운 연꽃이 활짝 핀 연지유압(蓮池遊鴨)의 그림 속에는 사랑스럽고, 유유자적, 욕심 없는 마음을 전면에 내세우고 있지만, 그 내면에는 출세의 욕망을 숨겨둔 청렴하고 도를 다하지 못한 것을 부끄러워하는 마음을 담은 선비의 그림이다.

칠칠 최북

(崔北, 1712~?)

최북(崔北, 1712~?)은 조선 숙종·
영조 때의 화가이다. 자는 칠칠
(七七), 호는 호생관(毫生館) 자신의 이
름인 북(北)자를 반으로 쪼개서 자를 칠
칠(七七)로 지었으며, 신분이 낮은 자신
을 양반들이 "어이" "거기"라고 불러 이
를 못마땅해 하여 거기재(居其齋), 붓 하
나로 먹고산다고 하여 호를 호생관(毫生
館)이라고 지었다.

산수·인물·영모·화훼·괴석·고
목을 두루 잘 그렸는데 특히 산수와 메추리를 잘 그려 최산수, 혹은 최순
(鶉) 즉, 최메추라기라는 별칭을 얻었다.

필법이 대담하고 솔직하여 구애받은 곳이 없었으며 남화(南畵)의 거장인 심
사정과 비길 만한 인물이다. 한 눈이 멀어서 항상 반 안경을 끼고 그림을 그
렸으며 성질이 괴팍하여 기행(奇行)이 많았고 폭주가이며 여행을 즐겼다. 그림

을 팔아 가며 전국을 주유하다 금강산 구룡연에서 천하의 명사가 천하의 명산에서 죽는 것이 마땅하다고 외치며 투신했으나 미수에 그친 일도 있다.

칠칠거사(七七居士)로 알려진 많은 일화를 남긴 위인으로 시에도 뛰어났다. 옛사람들은 고상한 소일거리인 바둑을 손으로 하는, 말 없는 대화라고 해서 수담(手談)이라고 했다.

최북은 바둑 고수였다. 남공철(1760~1840)의 '최칠칠전(崔七七傳)'에는 다음과 같은 일화가 전한다. 최북이 서평공자(西平公子)와 백금(百金)을 걸고 바둑을 두다 공자가 한 수 물러달라고 하자 바둑돌을 흩어버리고 다시는 그와 대국하지 않았다고 한다.

성품이 칼끝 같고, 불꽃같은 성품은 왕실의 종친인 귀인(貴人)이라고 해서 물러서지 않았다. 기이한 행동과 괴팍한 성질로도 유명한데, 어느 세도가가 최북에게 그림을 그려 달라고 요구했는데, 최북은 그림을 그려주지 않았다. 여러 차례 요구해도 그림을 그려주지 않자 신체적 위해를 가하려하자 최북은 화를 내며 "남이 나를 해칠 수 없다."라며 스스로 눈을 찔렀다고 한다.

순조 때 재상을 지낸 남공철(1760~1840)이 지은 『금릉집』의 최북 전기를 보면 최북은 주량이 하루 5~6되씩 되었으며 술을 마시고 취하면 광기와 호기를 부려 '주광화사'라고 불리기도 했다. 칠칠은 술을 좋아해 책 나부랭이 등을 모두 술값으로 주어 버려 살림이 어려웠다. 칠칠은 결국 평양과 동래로 떠돌아다니며 그림을 팔게 되었다. 두 도시 사람들이 비단을 가지고 문지방이 닳도록 줄을 섰다. 어떤 사람이 산수화를 그려 달라고 부탁했더니, 산만 그리고 물은 그리지 않았다. 그 사람이 괴상히 여겨 따지자, 칠칠이 붓을 던지며 "이 종이 여백은 모두 물이다"라고 했다는 유명한 일화도 있다.

열흘을 굶다가 그림 한 점을 팔아 술을 사 마시고는 겨울밤에 눈구덩이에서 얼어 죽었다. 이때 최북의 나이가 49세였는데, 최북이 49세 때 죽을 것을 알고 자를 칠칠(7×7=49)로 정했다는 소문도 돌았다. 그러나 그가 몇 살에 죽었는지 정확하지 않다. 조선 후기의 문신 신광수가 남긴 글을 통해 최북의 일생이 어떠했는지 알 수가 있다.

최북설강도가(일부) / 신광수

장안 가운데서 최북이 그림을 파네
네 벽이 휑하니 뚫린 초가집에 살며
문을 닫아걸고 온종일 그린 산과 물의 그림
유리안경 나무필통 마구 널브러져 있는데
아침에 한 폭을 팔아 아침 끼니를 때우고
저녁에 한 폭을 팔아 저녁 끼니를 때우네
찬 겨울날 떨어진 방석에 손님을 앉혀놓고
눈 밖 조그만 다리엔 눈이 세 치나 쌓였어라

가. 추순탁속(秋鶉啄粟), 수묵담채 17.7 × 27.5cm, 간송미술관

추순탁속(秋鶉啄粟)은 '가을날 메추라기가 조를 쪼다.'란 그림이다. 메추라기에 대한 이야기는 명나라 때 의학서적인 『본초강목』에 이런 설명이 나온다.

"순(鶉), 즉 메추리는 성질이 순박하다. 얕은 풀밭에 숨어 사는데 일정한 거처는 없지만 정한 짝이 있다. 어디서든 만족하며 산다. 장자가 말한 '성인순거'라는 것이 이를 말한다. 가다가 작은 풀을 만나도 돌아가 피하니, 또한 순박하다 할 만하다."

위에서 말한 성인순거(聖人鶉居)는 '성인의 삶은 메추리처럼 사는 것'이란 뜻으로 '어디서든 만족하며 행복하게 사는 삶'을 의미한다.

메추라기는 못생긴 새다. 작아도 앙증맞기는커녕 꽁지가 짧아 흉한 몸매다. 한자로 메추라기 '순(鶉)'은 '옷이 해지다'라는 뜻도 있다. 터럭이 얼룩덜룩한 꼴이 남루한 옷처럼 보인다. 메추라기는 또 정처 없이 돌아다닌다. 누더기 옷차림으로 떠도는 나그네와 닮았다. 메추리알은 냉면 웃기로 달걀 대신으로 사용하기도 한다.

추순탁속(秋鶉啄粟)같은 그림을 길상화(吉祥花)라고 한다. 그림의 종류에는 산수화 · 인물화 · 화조화와 달리 그려진 내용이 무엇을 뜻하는지에 초점을 둬서 그린 그림도 있다. 이런 그림을 '길상화'라고 하는데, 길상(吉祥)이란, 행운이 뒤따르거나 좋은 일이 일어날 조짐이란 뜻이다. 여러 가지 상징적인 뜻이나 의미를 지닌 동물 · 식물 또는 자연물을 그려놓고 그와 같은 것이 뜻하는 행운이나 좋은 일이 일어나기를 바란다는 마음을 담은 그림을 말한다.

가을걷이가 끝난 들판에 메추라기를 그려놓고 편안하게 살기를 바라거나, 또는 갈대밭의 기러기를 통해 노년의 행복을 기원하는 것들이 길상화라고 할 수 있다.

조(*Setaria italica (L.) P.Beauv.*)의 원산지는 중국과 유럽으로 우리 문명의 기원과 깊은 관계가 있다. 바로 만 년 전에 시작된 황하 문명을 탄생시킨 곡물이기 때문이다. 건조한 기후에 강하고 물이 부족한 곳에서도 잘 자란다.

조는 쌀·보리·콩·기장과 함께 어엿한 우리나라의 오곡에 들어가는 곡물이다. 조(粟)이름으로 사명을 지은 기업도 있으니 중국의 샤오미이다. 샤오미라는 단어는 작은 쌀 즉 좁쌀이란 뜻이다.

1927년 발표된 주요섭의 소설 『개밥』에서는 세 살 난 딸 단성이를 데리고 주인집 행랑방에서 더부살이하는 행랑어멈이 등장한다. 영양실조로 죽어가는 단성이의 마지막 소원은 껄끄럽고 거친 좁쌀밥과 시래기국 대신 고소한 고깃국과 희고 부드러운 흰쌀밥을 먹어보는 것이었다. 하지만 주인집 내외는 비록 마당에서 기르는 개에게는 고깃국에 흰쌀밥을 먹일지언정, 단성에게는 쌀밥 한 그릇을 내주는 것을 거절한다.

일제강점기 하층민의 비참한 삶을 그린 이 소설에서 계급의 구분은 그가 무엇을 먹느냐로 확연히 갈라진다. 상류층은 이팝(쌀밥)을 먹을 수 있었지만, 대다수 사람은 그보다 값이 싼 조팝(좁쌀밥)으로 하루하루를 연명해야 했다. 그랬기에 '이팝에 고깃국'을 배불리 먹어보는 것은 어린 단성이뿐 아니라 많은 백성의 꿈이었으며, '조팝에 시래기국'은 지긋지긋한 가난의 상징이었다.

하지만 역사적으로 보면 조는 쌀보다 훨씬 이전에 재배되기 시작한 귀중한 곡물이었으며, 쌀에게 밀려 주식의 자리에서 물러난 뒤에도 든든한 구황작물로의 역할을 충실히 수행했다.

나. 서설홍청(鼠囓紅菁), 종이에 담채 19 × 20cm, 간송미술관

옛 그림에 쥐가 등장한 것은 신 사임당의 '수박을 먹고 있는 쥐' 와 정선의 '서과투서' 그리고 심 사정과 최북의 '서설홍청'이다. 쥐 는 부지런함의 대명사이기도 하 다. 적은 월급을 쥐꼬리 같은 월 급으로 말하기도 한다. 현대로 와 서 최고의 인기를 끌고 있는 쥐는 미국의 월트 디즈니 만화에 나오는 미키 마우스다. 쥐가 갉아먹고 있는 것은 붉은 순무다. 무(*Raphanus sativus*)는 중앙아시아 및 지중해 연안이 원산지이며 고대 시대에 이용되었던 기록이 남 아있다. 무를 한자어로는 나복(蘿蔔)이라고 한다. 우리나라의 무는 배추·고추와 함께 3대 채소다. 무다리는 못생긴 다리를 뜻한다. 짜장면을 시키 면 따라 나오는 것이 무로 만든 단무지이다. 무를 채로 썰어서 만든 나물 을 나복채(蘿蔔菜)라고 하고, 흰쌀에 무를 썰어 넣어 쑨 죽을 나복죽(蘿蔔 粥)이라고 한다. 속담 중에 떡 줄 사람은 꿈도 안 꾸는데 김칫국부터 마 신다는 말이 있다. 우리 선조들은 보통 손님에게 떡을 대접할 때 물김치인 '나박김치'를 함께 내놓기 때문에 생긴 말이다. '나박'은 '무'의 우리 고 유어다. 따라서 '나박김치'는 바로 '무김치'라는 말이다.

단원 김홍도

(金弘道, 1745~?)

한국적 풍속화로 조선 시대 신윤복, 김득신과 함께 조선의 3대 풍속 화가로 꼽히며, 서민들의 생활상을 익살과 해학 · 풍자를 섞어 향토적인 정취로 담아낸 화가이다. 호는 단원이며 어려서 경기도 안산에서 강세황의 문하에서 그림을 배웠다. 28세 때인 1773년에는 어용화사로 발탁되어 영조어진과 왕세자의 초상을 그렸다. 그의 화풍은 조선 후기 화단에 큰 영향을 끼쳤다.

가. 황묘농접(黃猫弄蝶), 종이에 채색, 30.1 × 46.1cm 간송미술관

황묘농접(黃猫弄蝶)은 '누런 고양이가 나비를 가지고 놀다.'란 그림으로 장수를 뜻하는 그림이다. 고양이는 중국어로 '마오(mao)' 나비는 '띠에(die)'라고 한다. 이는 중

국에서 나이 많은 노인을 가리키는 '마오띠에'라는 말과 발음이 같아 고양이와 나비는 장수한 노인을 가리키고 있다. 바위는 불변의 상징이며 패랭이꽃은 장수를 축하하는 뜻이 담겨 있다. 제비꽃은 구부러진 꽃대의 모양새가 등긁개를 닮아 여의초(如意草)라 하여 일이 뜻대로 되기를 기원하는 의미를 담고 있다. 효자손으로 불리는 등긁개는 예전에는 '뜻대로 된다.'는 의미인 여의(如意)로 불렸다.

제비꽃(Viola mandshurica W. Becker)은 종류도 많고 이름도 다양하다. 오랑캐꽃·반지꽃·병아리꽃·장수꽃·씨름꽃·앉은뱅이꽃·외나물 등 많은 이름이 있다. 황묘농접(黃貓弄蝶)에 그려진 제비꽃이 일이 뜻대로 되기를 기원하는 의미를 담은 꽃이란 것을 이번에 처음 알았다.

나. 해탐노화도(蟹貪蘆花圖), 종이담채 23.1 × 27.5 간송미술관

해탐노화도(蟹貪蘆花圖)는 '게가 갈대꽃을 탐한다.'라는 그림으로 과거시험을 앞둔 사람에게 장원급제를 기원하며 그려주던 전통적인 그림이다. 이 그림 속에는 과거에 합격한 뒤에 행하여야 할 삶의 바른 처세에 관한 명문(名文)이 담겨 있어 우리에게 큰 깨달음을 준다.

행서로 쓴 해룡왕처야횡행(海龍王處也橫行)은 중국 당나라 시인인 두목(杜牧)의 영해(咏蟹)에서 가져온 것이다. 영해(咏蟹)란 '게를 읊다.'이다.

영해(咏蟹) / 두목(杜牧)

미유창해조지명(未遊滄海早知名)

푸른 바다 건너지 않아도 이름을 알고 있네

유골환종육상생(有骨還從肉上生)

도리어 살 밖의 살을 따라 뼈가 생겨나니

막도무심외뢰전(莫道無心畏雷電)

생각 없이 우레와 번개를 두려워하지 않고

해룡왕처야횡행(海龍王處也橫行)

바다 용왕 있는 곳에서도 옆으로 걸어간다오

  과거에 급제해 왕의 앞에 나아가도 권력 앞에서 결코 비굴해지지 말며 하늘이 내려준 자신의 품성대로 똑바로 살아야 됨을 의미한다. 게가 왕의 비위에 맞춰 어정어정 앞으로 걷는 순간 더 이상 게가 아니라는 것이다. 한마디로 강직한 선비가 되란 뜻이다.

  그럼 왜 게와 갈대일까? 해탐노화도(蟹貪蘆花圖)에서 게 두 마리가 갈대꽃 송이를 꽉 붙잡고 있다. 한자로 갈대는 로(蘆)인데 이것이 중국 발음으로는 려(盧)와 비슷하다. 려는 원래 임금이 과거 급제자에게 나누어 주는 고기다. 따라서 갈대꽃을 붙든다는 것은 과거에 합격한다는 것이다. 게 두 마리는 소과(小科)·대과(大科) 두 시험에 모두 합격하라는 뜻이다. 꽉 붙잡고 있는 것은 확실하게 붙으라는 의미다.

  게 등의 딱지는 한자로 갑(甲)이다. 갑은 천간(天干) 중 첫 번째이니 바로 장원급제를 의미한다. 과거에 붙어도 소과·대과를 연달아 붙되 그것도 꼭 장원으로 합격하라는 것이다.

갈대(*Phragmites communis Trinius*)는 가을의 유혹자이다. '여자의 마음은 갈대와 같다.'라고 하지만, 갈대를 보는 순간 여자만이 아니라 남자도 흔들린다. 주로 습지나 갯가·호수 등지에서 사는 갈대는 가을 풍경을 한층 낭만적으로 만든다.

다. 절로도해(折蘆渡海), 105 × 558.3cm 간송미술관

절로도해(折蘆渡海)는 '갈대를 꺾어 타고 바다를 건너다.'라는 그림이다. 이 그림은 다음과 같은 고사에서 유래했다.

"나는 수많은 절을 짓고 탑을 세웠으며 불전을 간행하고, 불교 교단을 후원하였다. 내 이런 공덕이 얼마인가?"

"아무 공덕이 없소."

"그렇다면 어떤 것이 성스러운 진리의 제일 법칙인가?"

"진리는 확연하여 아무것도 성스러울 것이 없소."

"도대체 나를 맞대하고 있는 그대는 누구인가?"

"모르오."

달마와 양무제와의 첫 만남에서 나눈 짧은 문답이다. 양무제의 사람됨이
부족한 것을 안 달마는 곧바로 갈대를 꺾어 타고 양자강을 건너 숭산 소림
사로 들어갔다는 이야기를 소재로 그린 그림이다. 이 그림에서 갈대는 극락
세계와 요단강을 건너게 해주는 요소로 단원은 강이 아닌 바다로 제목을 붙
여 그의 큰 뜻을 읽을 수가 있다.

라. 춘한맥맥(春恨脈脈), 지본담채 57.8 × 33.5cm 간송미술관

춘한맥맥(春恨脈
脈)을 풀이하면 '봄
에 맺힌 한이 서리서
리 져 흐른다.'이다.
머리 위로는 연초록
수양버들이 늘어져
있고 봄만 되면 가슴에 맺힌 한이 가슴을 저민다. 내 마음을 아는지 모르는
지 담장 가에는 붉은 앵두꽃이 활짝 피어 눈길을 잡는다. 담장 가의 활짝 핀
꽃 자체를 보고 꽃을 판단하기는 어렵다. 매화라는 사람도 많다.
　하지만 박상진 교수는 "잎과 꽃이 같이 피고 있으며, 연한 푸른빛이 도는 것으
로 보아 앵두나무(Prunus tomentosa Thunb)꽃이다."라고 했다. 앵두는 중국 화북
지방이 원산지로 꾀꼬리가 먹고 생김새가 복숭아와 비슷해서 앵도(櫻桃)라는
이름에서 유래됐다고 한다. 그림 속의 제시(題詩)를 풀이하면 다음과 같다.

방춘맥맥천반한(方春脉脉千般恨)

봄은 무르익어 온갖 한이 서리서리 이어지고

지유장두녹악지(只有墙頭綠萼知)

담장 머리에 핀 푸른 꽃만이 그 소식 아는구나

　미인의 조건으로 붉은 입술과 하얀 이를 들었다. 잘 익은 앵두의 빨간색은 미인의 입술을 상징했다. 그래서 앵두같이 예쁜 입술을 앵순(櫻脣)이라고 불렀다. 춘한맥맥(春恨脈脈)의 그림을 보면서 가슴 설레는 봄을 다시 한번 생각해 본다.

유춘 이인문

(有春 李寅文, 1745~1824)

조선 시대 후기의 화가로서 호는 고송류수관도인(古松流水館道人) 또는 유춘(有春)이다. 도화서 화원으로서 첨절제사라는 벼슬을 지냈다. 김홍도와 동갑으로 함께 도화서에 있으면서 친하게 지냈고, 당시 문인 화가였던 강세황 · 신위 등과도 가까이 지냈다. 당시 크게 유행하였던 진경산수나 풍속화보다는 전통적인 소재를 즐겨 그렸다. 특히 소나무를 많이 그려이 방면에 새로운 경지를 개척하여 이인상(李麟祥:1710~1760)과 더불어 조선 소나무를 가장 잘 그린 화가다. 그의 대표작으로 꼽히는 〈강산무진도(江山無盡圖)〉는 길이가 8m 56cm에 달하는 거작으로 그의 회화적 역량을 보여주는 대표작이다.

가. 대택아회(大宅雅會), 지본담채 38.1 × 59.1cm 국립중앙박물관

대택아회(大宅雅會)는 『고송유수첩(古松流水帖)』 중 제19면에 그려진 작품으로 큰 집에서 글을 짓거나 그림을 그리기 위해 풍류가 있는 모임을 일컫는다. 풍류 모임에서 차가 빠질 수 없는 법이다. 시흥에 취한 손님들을 위해 앞쪽 별

채 마당에서 동자가 열심히 화
로에 부채질을 한다. 화로 위에
서는 주전자가 달그락거린다.
동자의 머리 위로는 등나무가
햇볕을 가려주고 있다.

등나무(*Wisteria floribunda*)는
콩과식물로 동아시아가 원산지
이며 5월이면 쉼터에 그늘을 만
들어 주며 연보랏빛 꽃을 피우
는 나무다. 그러나 자람의 방식
은 사람들의 눈에 거슬린다. 등
나무는 손쉽게 다른 나무의 등

걸을 감거나 타고 올라가 이웃 나무의 광합성 공간을 점령해 버린다. 칡도 마
찬가지로 선의의 경쟁에 있는 숲의 질서를 엉망으로 만들어 버린다. 그래서 사
람 사이의 다툼을 칡과 등나무가 서로 엉키듯 뒤엉켜 있다고 하여 갈등(葛藤)
이라 한다. 옛 선비들은 등나무의 이와 같은 특성을 못마땅하게 생각하여 가
장 멸시하던 소인배에 비유하기도 했다. 그러나 등나무만큼 쓰임새가 많은 나
무도 없다. 줄기는 지팡이를 만들었고, 가지는 바구니를 비롯한 우리의 옛 생활
도구를 만들었다. 껍질은 매우 질겨 종이의 원료가 되었다. 대택아회는 중앙의
소나무 3그루가 시선을 사로잡는다. 그러나 동자의 그늘을 만들어 주는 등나
무에도 관심을 가져보자.

혜원 신윤복

(蕙園 申潤福, 1758~1814?)

신윤복(申潤福, 1758~1814?)의 어렸을 적의 이름은 가권(可權)이며 뒤에 윤복으로 개명하였는데, 그의 본명이 가권으로 밝혀진 것은 그가 그린 유명한 미인도에 신가권이라는 도서가 찍힌 데서 기인한 것이었다. 주요 작품으로는 『혜원전신첩(蕙園傳神帖)』, 『미인도』 등이 있다. 주로 남녀 간의 사랑이나 여성의 아름다움을 주제로 그림을 많이 그렸다. 화려한 색을 사용하여 기생이나 무당의 그림을 즐겨 그렸으며, 시골 주막의 서민적인 풍속 또한 날카로운 화필로 그려냈다. 이러한 그림들은 양반 사회에 대한 풍자로 여겨지기도 한다. 신윤복의 사망은 1813년 이후로 추정될 뿐이다.

가. 소년전홍(少年剪紅), 지본담채 24.1 × 31.5cm 간송미술관

소년전홍(少年剪紅)이란 '젊은이가 붉은 꽃을 꺾는다.'라는 뜻이다. 이 그림에서 남자의 애정 행각이 노골적으로 나타나 있다. 남자의 사방관 속에 상투가 있어 남자는 결혼을 했다. 그리고 여자는 몸종인 듯싶다. 당시에는 가슴이 살짝 보이는 짧은 저고리가 유행이었다. 봄날의 색정을 주체 못해 몸종의 손목

을 잡아끈다. 사내의 아내가 집을 비운 상황 같다. 그런데 몸종은 엉덩이를 쭉 빼고 거부 의사를 밝히면서도, 또 한편으로는 머리를 긁적이며 하는 말 "서방님, 마님이 돌아오실 시간이 다 된 거 같은데요."하는 표정이다. 제발에는 이렇게 적어놓았다.

밀엽농퇴록(密葉濃堆綠) 빽빽한 잎에 짙은 초록이 쌓여가니
번지쇄전홍(繁枝碎剪紅) 가지가지 붉은 꽃잎 떨어뜨리네

초록은 청춘의 엽록소를 뜻한다. 녹음이 짙어지면 꽃도 자연히 떨어지게 된다. 욕정을 자연에 비유하고 있다. 자연의 순리라는 것이다.
애정 행각을 하는 사람 앞으로 붉게 핀 꽃나무는 배롱나무(*Lagerstroemia indica*)다. 배롱나무는 중국이 원산지로 백 일간 꽃이 핀다고 해서 백일홍이라고 한다. 도종환의 백일홍이란 시를 보면 왜 백일홍인지를 알 수가 있다.

백일홍 / 도종환

한 꽃이 백일을 아름답게 피어 있는 게 아니다
수 없는 꽃이 지면서 다시 피고
떨어지면 또 새 꽃봉오릴 피워 올려

목백일홍나무는 환한 것이다

배롱나무는 다른 나무와 달리 껍질 없이 매끈한 가지는 대나무처럼 속이 비어 있지 않고 꽉 차 있다. 선비들은 이런 배롱나무를 '일편단심'의 상징으로 여겼다. 꽃이 백 일 동안 피는 것을 보며 공부에 정진했고, 해마다 껍질을 벗어버리는 줄기를 보며 무욕의 정신을 새겼다. 이로 인해 선비들의 앞마당에 '배롱나무'가 심어진 이유이다.

배롱나무의 한자 이름은 '자미화'이다. 당 현종은 중서성에 백일홍을 심어놓고 아예 자미성으로 이름을 바꾸었다. 다산 정약용도 간지럼 나무를 자미화라 표현했다.

다산의 꽃 / 정약용

책에서 간지럼 나무라 한 자미화는
한 가지에 꽃이 피면 다른 가지에 꽃이 진다네
홀로 피어 세상에 드문 꽃이라서가 아니라
그저 정원에 비었기에 채우려고 한 것일 뿐

광주와 담양군의 접경 지역을 흐르는 곳에 증암천이 있다. 이 증암천은 소쇄원과 환벽당 식영정을 감싸 흐르는 개울이다. 조선 시대는 이 개울을 따라 배롱나무가 많아 '붉은 백일홍이 핀 여울'이라 하여 자미탄(紫薇灘)이라고 했다. 이 증암천을 노래한 시가 있다.

자미탄(紫薇灘) / 정철(鄭澈)

꽃이 백일이나 핀 것은
못가에 심었기 때문이네
봄이 지나도 이와 같으니
봄의 신이 아마 시기하리라

송강 정철은 배롱나무를 아꼈다. 붉게 피어난 백일홍은 흐르는 내를 물들였고, 뜨거운 여름날의 황홀한 장관을 만들어 냈다. 정철이 전라도 관찰사로 있을 때 사랑하는 이가 있었으니 그 이름 백일홍(紫薇 자미)이었다. 그러나 사랑은 너무 짧았다. 그 애틋함이 시로 남아있다.

영자미화(詠紫薇花, 자미화를 읊다) / 정철(鄭澈)

일원춘색자미화(一園春色紫薇花) 봄빛 가득한 동산에 자미화 곱게 피어
재간가인승옥채(纔看佳人勝玉釵) 예쁜 얼굴은 옥비녀보다 곱구나
막향장안누상망(莫向長安樓上望) 망루에 올라 장안을 바라보지 마라
만가쟁시연방화(滿街爭是戀芳華) 거리의 사람들 모두 다 네 모습 사랑하여 다투리

정철의 애인 자미(紫薇)의 원래 이름은 '진옥(眞玉)'이었다. 정철은 자신의 '강(江)'자를 따라 '강아'라고 불렀던 기생이다. 경기도 고양시 송강마을 뒷산에

▲ 기생 강아 묘비

가면 의로운 기생 강아의 묘비가 있다. 강아와의 사랑이 스며든 자미탄은 도로 공사로 인하여 매몰되었다. 현재는 자미탄이라는 비석만 도로 앞에 남아있다. 하지만 '붉은 백일홍이 핀 여울'의 역사는 붉게 흘러 오늘의 남도 문화를 만들었다.

나. 삼추가연(三秋佳緣), 지본담채 24.1 × 31.5cm 간송미술관

삼추가연(三秋佳緣)의 그림은 초야권을 사는 장면이다. 초야권이란 첫날밤의 권한을 뜻한다. 중세 서양에서는 봉건영주가 자신이 다스리는 마을 처녀들의 초야권을 가지고 있었다. 처녀들이  시집을 가기 위해서는 영주와 먼저 첫날밤을 치러야 했다. 그리고 조선 시대에는 공공연히 기생들의 초야권이 매매가 되었다.

국화가 활짝 핀 들판에서 남자는 바지를 입고 대님을 매고 있다. 상투는 흐트러져 머리카락이 삐져나와 있고, 여자는 아직 속옷을 다 추스르지 못했다. 사랑이 끝나자 어린 기생은 황망하기 짝이 없는 상태로 고개를 숙이고 있다. 남자는 어린 기생을 바라보는 눈빛이 야심을 채운 눈빛이다. 깡마르고 간교해 보이는 할미는 남자에게 큰일 치렀다고 술잔을 권하며, 어린 기생을 달래고 있다. 신윤복은 이 그림에 다음과 같은 제발을 적어놓았다.

추총요사사도가(秋叢繞舍似陶家) 국화꽃 쌓인 집은 도연명이 사는가

편요리변일점사(遍繞籬邊日漸斜) 빙 두른 울타리에 해가 기우네

불시화중편애국(不是花中偏愛菊) 꽃 중에 국화를 편애해서가 아니라

차화개진갱무화(此花開盡更無花) 이 꽃 지면 다른 꽃이 없다네

이 시는 당나라 원진의 시다. 마지막 두 구절이 대님을 매고 있는 남자의 마음을 잘 나타내고 있다. 꽃 중에 국화를 편애해서가 아니라, 이 꽃이 지면 다른 꽃이 없다네. 즉 '내가 이 여자를 사랑한다기보다, 이 여자가 아니면 다른 여자가 없어서'란 뜻이다. 사내의 마음을 솔직하게 표현했다고 보면 풍자와 해학 면에서 신윤복은 조선 화단을 통틀어 최고다. 그러나 이런 장면을 노란 국화와 붉은 국화는 애처롭게 바라보고 있다.

다. 상춘야흥(賞春野興), 지본채색 28 × 35cm 간송미술관

상춘야흥(賞春野興)은 양반가의 후원에서 벌어진 연회의 흥취를 그린 그림이다. 봄임을 알 수 있는 것은 바위틈에 활짝 핀 진달래꽃(Rhododendron mucronulatum Turcz)이다. 진달래를 참꽃이라고도 한다. 가난하던 시절 먹을 양식이 떨어져 굶주린 아이들은 참꽃을 따먹으며 허기를 달랬다.

옛 문헌에 나오는 진달래는 모두 두견화(杜鵑花)로 기록되어 있다. 이는 중국

의 전설에서 유래한다. 중국의 촉나라 망제(望帝) 두우는 손수 위기에서 구해 준 별령이란 신하에게 왕위를 빼앗기고 국외로 추방당한다. 억울하고 원통함을 참을 수 없었던 그는 죽어서 두견이가 되어 촉나라 땅을 돌아다니며 목구멍에서 피가 나도록 울어댔는데, 그 피가 떨어져 진달래꽃이 되었다는 것이다. 두견이의 울음소리가 중국 사람들에게는 돌아감만 못하다는 뜻의 '부루구이(不如歸)'라고 들리는 듯 하여 이런 전설이 생겼다는 것이다.

진달래꽃 하면 33세의 젊은 나이로 요절한 김소월의 시 진달래꽃과 월북작가 김상훈의 시 두견화가 생각난다.

두견화(杜鵑花) / 김상훈

일찍이 이곳에서 울고 간 새가 있었다

밤을 새워 피를 토하며 울고 간 새가

피가 스며 엉기어 여기 꽃으로 피었다

얼마나 울었기에 지천으로 피었는가

온 산 온 골이 핏빛으로 물들었다

너와 나 슬픈 사연도 함께 번져 물들었다

차라리 잊으려거든 꿈에만은 없어야지

밤마다 꿈에 와서 설레는 이 가슴을

달랠 길 없어 두견 되어 우난다

긍재 김득신

(兢齋 金得臣, 1754~1822)

김득신(金得臣, 1754~1822)은 조선 시대 후기의 화가이다. 호는 긍재(兢齋)로 풍속도의 파적도(破寂圖)가 유명하다. 국민화가로 명성을 떨쳤던 김홍도에 가려지긴 했지만, 풍속도의 미덕이라면 김득신이 오히려 김홍도보다 더 높다는 사람도 있다.

가. 출문간월도(出門看月圖) 지본담채 25.3 × 22.8 cm 서울 개인 소장

출문간월도(出門看月圖)의 나무는 오동나무(*Paulownia coreana*)다. 오동나무가 귀한 나무로 여겨지는 모습은 중국 고서 『시경』에 나온다. 봉황은 '오동나무 가지가 아니면 앉지를 않고, 죽실(竹實) 즉 대나무 열매가 아니면 먹지를 않으며, 예천(醴泉)이 아니면 마시지 않는다.'라고 했다. 예천은 태평성대

에만 단물이 솟는 샘이다. 그러나 역사는 뜻대로 되지 않는다. 조선 시대의 읊은 시조는 이렇게 안타까움과 허무함을 그린다.

> 벽오동(碧梧桐) 심은 뜻은 봉황(鳳凰)을 보렸더니
> 내심은 탓인지 기다려도 아니 오고
> 밤중에 일편명월(一片明月)만 빈 가지에 걸녀세라

조선시대 문장가 상촌 신흠이 지은 '야언(野言)'이란 시에는 다음과 같은 내용이 있다.

야언(野言) / 신흠(申欽)

> 오동나무는 천년을 살아도 그 곡조를 변치 않고
> 매화는 추위에도 일생 동안 향기를 팔지 않으며
> 달은 천 번을 이지러져도 근본은 잊지 않으며
> 버드나무는 백번을 꺾여도 새 가지가 돋는다

이렇듯 선비의 나무로 여겼던 오동나무는 조선 후기 화단에 유행했던 그림 가운데 '오동폐월(梧桐吠月)'에 등장한다. 어느 가을날 밤 삽살개 한 마리가 오동나무 꼭대기에 걸려 있는 달을 쳐다보며 짖고 있는 그림이다. 천재 화가로 유명한 장승업(張承業)의 그림으로 유명해진 후 심전 안중식 등 적지 않은 화가가 유행처럼 따라 그렸다. 그러나 이러한 그림을 먼저 그린 화가가 있다. 김득신의 '출문간월도(出門看月圖)'이다.

둥근달이 오동나무 잎에 가려져 있고 삽살개가 짖으니, 누가 왔나 나가보라 하니 어린 동자가 사립문을 열고 나와 사립문 고리를 잡고 손님을 찾는 그림이다. 그림에는 화제(畵題)가 있는데 다음과 같은 내용이다.

일견폐(一犬吠)
이견폐(二犬吠)
만견종차일견폐(萬犬從此一犬吠)
호동출문간(呼童出門看)
월괘오동제일지(月卦梧桐第一枝)

한 마리 개가 짖자
두 마리 개가 짖고
만 마리 개가 이 한 마리 개를 따라 짖네
동자를 불러 문밖으로 나가 보라 하니
달님이 오동나무 제일 높은 가지에 걸려 있다 하네

사람이 헛된 말을 꾸며서 퍼뜨리면 다른 사람이 그를 사실로 알고 퍼트리는 것을 비유한 말이다. 들리는 소리만 좇다가 과오를 저지르고 사회를 도탄에 빠트린다는 내용이다. 영문도 모른 채 따라 짖는 개가 되지 말고 마음을 다잡아야 한다는 깊은 속내를 말하고 있다.

오원 장승업

(張承業, 1843~1897)

장승업(張承業, 1843~1897)은 조선 말기의 화가이다. 본관은 대원(大元), 호는 오원(吾園), 자는 경유(景猶)이다. 도화서 화원(畵員)을 지냈고, 벼슬은 감찰(監察)에 이르렀다. 그의 호인 오원은 자신이 단원(檀園) 김홍도, 혜원(蕙園) 신윤복을 의식해서 "나도 원(園)이다"라는 뜻에서 지었다. 19세기 중엽 청계천 거지 소굴에서 패거리들에게 몰매를 맞고 있던 승업을 지나던 선비가 구해준다. 승업은 자신이 맞게 된 내력을 그림으로 보여준다. 첫눈에 승업의 비범한 재능을 발견한 선비는 한양의 역관 이응헌에게 소개한다.

이응헌은 추사 김정희의 제자인 이상적의 사위이며 청나라를 왕래하던 역관이다. 중국 원·명 시대의 이름난 그림과 글씨를 수집해 오던 이응헌의 집에는 많은 화가가 모여들어 그림 감상을 하곤 하였다.

승업은 이응헌의 집에서 더부살이하면서 어깨너머로 유명한 화가·수장가들의 화첩을 훔쳐보면서 틈틈이 그림 그리기에 몰두하게 된다. 귀신같은 눈썰미와 배우지 않고도 자유자재로 먹과 붓을 다뤄내는 천부적 재능으로 장안의 이름을 얻게 된다.

장승업을 그린 영화 취화선에선 3명의 여인이 등장한다. 미인이 따라 주는 술을 마시며, 취중에 그리는 것을 즐겼던 그는 천성이 한 여인에게 머물지 못하여 결혼한 첫날 밤을 치루고 그길

로 평생 방랑하며 지낸다. 승업은 이응헌의 여동생 소운에게 한눈에 반하지만, 신분의 차이를 느끼고 소운이 결혼을 하자 좌절하게 된다. 소운이 결혼 중 중병을 앓아 죽어가며 자신의 그림을 청한다는 말을 듣고 가슴 아픈 재회를 하게 된다.

두 번째 여인은 몰락한 양반 가문의 딸인 기생 매향이다. 매향은 승업의 예술세계를 이해하고 공감하는 유일한 여성으로 승업의 그림에 제발을 써 넣으며 인연을 맺는다. 독실한 천주교 신자였던 매향과는 천주교 박해로 두 번째 이별을 하게 된다.

그리고 마지막 여인은 한집에 동거했던 진홍이라는 무지한 여인이다. 이 여인과 헤어지며 위자료를 겸하여 앞마당에 큰 종이를 펼쳐놓고 그려준 매화 그림이 장승업의 그 유명한 '홍백매십정병'이다. 또 다른 그림의 '호취도'는 심부름을 하던 동자에게 그려준다.

오직 술과 예술, 그리고 방랑으로 일관했던 장승업은 1897년 55세로 세상을 떠난다. 그러나 장승업이 어디에서 어떻게 죽었는지는 알 수 없다고 한다.

가. 불수앵무(佛手鸚鵡), 견본채색 74.9 × 31.0cm 간송미술관

불수앵무(佛手鸚鵡)는 부처의 손이라는 이름을 가진 불수감이 열린 가지에 두 마리 앵무새가 앉아 있고 그 뒤로 비파 열매가 붉게 달려 있다.

불수감(佛手柑)(*Citrus medica var. sarcodactylus*)은 운향과의 감귤류에 속하는 과일나무로 원산지는 인도와 중국의 남방 지역이다. 북방 사람들에게는 보기 드문 귀한 과일이다. 모양이 부처의 손가락을 닮아서 불교적인 상징무늬로 많이 쓰인다. 과일 색이 황금빛을 띠어 '황금감'이라고도 부르며, 나무는 불수귤나무라고도 한다. 불수감은 불(佛)의 발음이 복(福)의 발음과 비슷하여 길  상의 의미를 갖고 있다. 부부간의 화목을 상징하는 앵무새는 조선에 없던 새로 청나라 문물의 수입 덕분에 조선 화조화에 앵무새가 등장하게 된다.

비파나무(*Eriobotrya japonica (Thunb.) Lindl.*)는 중국 서남부가 원산지로 비파(琵琶) 악기와 잎 모양이 닮았다고 해서 붙여진 이름이다. 중국에서는 약 나무 중의 왕이라는 의미로 대약왕수(大藥王樹)로 대접받는다. 잎·열매·씨앗 모두 상당한 약효가 있는 것으로 알려져 있다.

불수앵무(佛手鸚鵡)에서 붉은 열매는 비파 열매로 해석을 해놓은 데가 많다. 그런데 비파 열매는 붉은색보다는 노란색에 가깝다. 잎 모양도 비파나무와 다르다. 그림과 같은 붉은 열매로는 낙상홍·백량금·딱총나무·덜꿩나무·피라칸다·가막살나무·자금우·남천·마가목 등이 있다. 남천과 마가목에 가까운데 열매와 잎 모양을 보면 남천에 더 가깝다. 남천(*Nandina domestica*)은 매자나무과로 중국 남부와 인도가 원산지로서 성질이 강하고 곧게 자라 꼭지 부근에 주로 잎이 달린다. 그래서 중국 이름은 '남천대나무(南天竹)'이며, 영어 이름도 '신성한 대나무'다. 불수앵무(佛手鸚鵡)는 부부가 화복하고 가정이 행복하기를 기원하는 그림이다.

▲ 남천 열매

심전 안중식

(心田 安中植, 1861~1919)

심전(心田) 안중식(安中植 1861~1919) 은 조석진(趙錫晋)과 함께 조선의 마지막 화원이었으며, 근대 한국화의 길을 여는 다리 역할을 한 화가다. 1881년 영선사와 같이 제도사로 조석진과 더불어 중국에 간다. 이때 알게 된 조석진과는 평생을 친구로 사귀면서 당시 화단의 쌍벽을 이룬다. 1902년 고종황제 어진을 제작하고 뒤에 순종이 될 황태자의 예진을 그리게 되는데 조석진과 함께였다. 두 사람은 그 공로로 군수직에 오르게 된다. 군수직은 한일합방으로 해임된다. 왕실 소속 도화서가 없어지고 1911년 '서화미술회'가 창설된다. 이는 우리나라의 최초의 근대적 미술교육기관으로 안중식과 조석진이 참여한다. 이완용이 회장이 되고 일제협력단체인 '서화미술회'는 1918년까지 4회의 졸업생을 배출하고 해체된다. 아이러니하지만 오일영·이용우·김은호·박승무·최우석·이상범·노수현 등 근대 화단을 주도하게 되는 대가들을 배출하게 된다.

1919년 조선총독부가 주관하는 조선미술전람회에 대항하여 민족적인 '서화협회'를 결성하고 초대 회장으로 안중식이 선출된다. 하지만 3·1운동과 관련되어 내란죄로 문초를 당하고 그해 59세의 나이로 사망한다. '서화협회'는 2대 회장으로 조석진을 선출했으나 그 또한 다음 해에 세상을 떠난다.

가. 풍림정거(楓林停車), 비단채색, 164.4 × 70.4cm, 삼성미술관 리움

풍림정거(楓林停車)는 '단풍 숲에 수레를 멈춘다.'라는 뜻으로 두목의 시 '산행'에서 그 뜻을 취한 시의도(詩意圖)이다.

산행 / 두목

원상한산석경사(遠上寒山石徑斜)
멀리 가을 산에 작은 굽은 돌길 사이로
백운생처유인가(白雲生處有人家)
흰 구름 이는 곳에 집이 보이네
정거좌애풍림만(停車坐愛楓林晩)
수레를 세우고 앉아 늦은 단풍 즐기니
상엽홍어이월화(霜葉紅於二月花)
서리맞은 단풍이 이월 봄꽃보다 붉어라

굽은 돌길을 따라 올라온 길이 보이고 뒤편으로는 흰 구름 아래 집이 보인다. 수레를 멈추고 단풍나무 아래서 늦가을 단풍을 바라보고 있다. 두목의 '산행'이란 시는 가을 단풍을 생각할 때 가장 먼저 떠오르는 시이다. 이 시는 마치 한 폭의 그림 같다. '시 속에 그림이 있고, 그림 속에 시가 있다.' 이 말은 송나라의 시인이자 화가인 소식의 '시중유화 화중유시(詩中有畵 畵中有詩)'라는 말에서 비롯됐다. 소식이 당나라의 시인이자 화가인 왕유의 시와 그림을 감상하며 말한 데서 유래한 것으로 문인화가 산수화의 한 장르로 자리 잡는 데 역할을 했다. 마찬가지로 조선 초의 문인인 성간(成侃)은 강희안의 그림을 보고 말했던 '시는 소리 있는 그림이요, 그림은 소리 없는 시이니, 예로부터 시와 그림은 일치되어, 그 경중을 조그만 차이로도 가를 수 없네'란 말과 상통하기도 한다.

그림에서 삭막한 돌산을 힘들게 오르는 이유는 단풍의 아름다움을 보기 위해서일 것이다.

단풍나무(Acer palmatum Thunb.)의 종류에는 아기가 손바닥을 펼친 것처럼 생긴 단풍나무와 당단풍나무가 가장 흔하고, 개구리 발처럼 생긴 고로쇠나무, 잎이 세 개씩 붙어 있는 복자기나무. 그밖에도 잎이 셋으로 갈라지는 신나무와 중국단풍, 미국에서 수입한 은단풍, 네군도단풍 등도 우리 주변에서 흔히 만날 수 있다.

우리가 말하는 단풍은 기후에 의하여 변하는 것이 아니라 원래 자기가 가지고 있던 색이다. 단풍나무는 광합성을 하기 위하여 엽록소의 초록색 잎을 가지고 있다, 초록색이 분해되면서 원래 가지고 있던 색이 보이는 것이다. 잎에 카로티노이드(carotinoid)가 많으면 우리 눈에 노란색으로 보이고, 크산토필(xanthophyll)이 많으면 참나무 잎과 같이 갈색을 띠며, 안토시아닌(anthocyanin)의 함량이 많으면 우리 눈에 붉은색으로 보이는 것이다.

꽃소식은 남쪽에서부터 파도처럼 북으로 밀려 올라간다. 반면에 단풍은 풍악산(楓嶽山)이라 불리는 금강산에서부터 설악산을 거쳐 백두대간의 줄기를 타고 밀물처럼 내려온다. 마지막으로 내장산에서 그 자태를 뽐내는 것으로 가을을 마감하면서 온통 우리의 산하를 살아 있는 수채화로 물들게 만든다. 마지막으로 단풍 하면 산천뿐만 아니라 사람 마음에도 단풍든다는 '오메 단풍 들것네'의 김영랑 시가 떠오른다.

오메 단풍 들것네 / 김영랑

오메 단풍 들것네
장광에 골 붉은 감닙 날러오아
누이는 놀란 듯이 치어다보며
오메 단풍 들것네

추석이 내일모레 기둘리니
바람이 자지어서 걱정이리
누이의 마음아 나를 보아라
오메 단풍 들것네

나. 도원문진(桃源問津), 비단에 채색 164.4 × 70.4cm, 삼성미술관 리움

도원문진(桃源問津)은 '도화원에 이르는 나루를 묻다.'라는 뜻으로 풍림정거(楓林停車)와 쌍폭으로 같은 해에 만들어진 작품이다. 풍림정거가 '산행'이란 두보의 시에서 취한 시의도라면 도원문진은 도연명이 지은 '도화원기'에 나오는 내용을 그린 그림이다. 풍림정거가 가을이면 도원문진은 봄으로 대비 되는 그림이다. 도화원기에서 한 어부가 강물에 떠내려 오는 복사꽃을 따라 들어간 곳이 신선들이 사는 무릉도원이었다. 그들은 진시황 때 난을 피해 도화원에서 살기 시작한 이후 몇 백 년 동안 외부 사람과 단절된 채 살아온 사람들이다. 그곳에서 지내다 어부가 집으로 돌아와 다시 그곳을 찾았지만 찾지 못했다는 꿈 같은 이야기다.

도연명의 꿈 같은 이야기는 많은 사람의 마음을 사로잡아 시와 그림으로 표현했다. 안견의 '몽유도원도'도 그중의 하나로 많은 작가가 '도원도'를 그렸다. 그중에서도 안중식은 가장 많은 도원도를 그렸다. 그만큼 많은 사람은 무릉도원을 원했다는 이야기일 것이다.

도원문진을 보면 무릉도원 가는 길가로 복사꽃이 피었다. 복사나무(*Prunus persica* (L.) *Batsch*)는 중국 서북부의 황하 상류 고산지대가 원산지이다.

옛날부터 과일나무로 자리를 잡았으며, 복숭아라는 맛있는 과일은 세월이 지나면서 차츰 신선이 먹는 선과(仙果)로 품격이 올라갔다. 복사나무에 대한 많은 전설이 만들어지면서 복숭아나무 과일은 천도복숭아가 되고 신선이 먹는 불로장생의 과

일로까지 이야기가 전개된다.

그리고 복사나무가 갖는 또 다른 상징성은 귀신을 쫓는 주술적인 징표이다. 그래서 집 안에는 복사나무를 심지 않는 옛 풍습이 있다.

그렇지만 복숭아나무는 장미과에 속하는 나무로 꽃말은 '순박함, 나는 영원한 당신'이다. 조선말 실학자인 이기(李沂)는 복숭아 꽃을 이렇게 표현했다.

도화(桃花) / 이기(李沂)

개시유우낙시풍(開時有雨落時風) 필 때 비 오고 질 때 바람 부니

간득도화기일홍(看得桃花幾日紅) 붉게 핀 복사꽃 며칠이나 볼 수 있을까?

자시도화신상사(自是桃花身上事) 이것은 복숭아꽃 자신의 만든 일인가?

풍회하죄우하공(風會何罪雨何功) 바람이 무슨 죄며 비에게 무슨 공이 있으리오

나혜석

(羅蕙錫, 1896~1948)

나혜석(羅蕙錫, 1896~1948)은 일제강점기와 대한민국의 화가이자 작가 · 시인 · 조각가 · 여성운동가 · 사회운동가 · 언론인이다. 나혜석은 학교시절 많은 친구와 교제했는데 이광수 · 안재홍 · 염상섭 · 신익희 · 주요한 · 김성수 등과 교류하였다. 그의 달변과 깔끔한 외모, 유창한 언변에 많은 사람이 매료되었다.

1914년 학지광(學之光)에 기고한 글 중 현모양처와 부덕을 비난한 글이 사회적으로 화제가 되기도 했다. 현모양처는 이상을 정할 것도, 반드시 가져야 할 바도 아니다. 여자를 노예로 만들기 위하여 부덕(婦德)을 장려한 것이다.

일본에 있을 때 오빠의 친구인 최승구(崔承九)를 만나 연애하게 된다. 오빠인 나경석은 최승구와의 연애를 반대했으나 오빠의 반대를 무릅쓰고 최승구와 연애를 계속하였다. 최승구는 시인과 작가로서 표현력이 뛰어났으나 불행히도 폐결핵으로 일찍 요절한다. 후일 엄상섭은 나혜석의 불행을 최승구의 죽음에서 찾기도 한다.

1919년 3월 나혜석은 3·1 운동에 참여한다. 이화학당에서 만세 사건이 터지면서 '3·25 이화학당 학생 만세 사건'의 핵심인물로 지목되면서 경성법원에서 징역 6개월형을 선고받고 그해 9월 풀려났다.

그때 변호사 김우영이 나혜석의 변론을 맡아서 두 사람은 가까워졌다. 그 뒤 1920년 김우영과 결혼한다. 1921년 매일신보와 경성일보의 후원 하에 경성일보사 내청각(來靑閣)에서 유화 70점으로 첫 유화 개인전을 가졌는데 조선미술사에서는 최초의 여성 유화 개인 전람회였다. 첫 개인전은 '인산인해를 이루었다.'고 보도할 만큼 큰 성공을 거뒀다. 1927년 남편을 따라 프랑스에 체류하던 중 최린과의 염문설이 퍼지게 된다. 귀국 후 그림 활동에 매진하였으나, 결국 결혼생활을 이어가지 못하고 이혼하게 된다. 뒤에 최린으로부터도 버림받게 된다. 1931년의 제10회 조선미전에서 정원이 특선하고, 정원이 다시 일본의 제12회 제국미전에서 입선하는 등 당당히 살아가기 위해 노력했으나 생활은 점점 어려워져갔다.

문학과 그림 모두 최고의 기량을 발휘했던 그는 '이혼'이란 딱지 하나에 예전의 명성을 일시에 잃게 된다. 당시 대단한 화제를 모았던 '이혼고백서'를 발표하고, 재기를 위해 피나는 노력을 했음에도 돌아온 건 냉소와 질시가 전부였다. 그가 이혼녀라는 점과 외도를 했다는 점, 자유연애를 주장했다는 점을 들어 비난하였다. 그의 남편 김우영이 외도했다는 점은 언급되지 않고 그의 외도만이 비난의 대상이 되었다.

나혜석은 1948년 12월 10일, 서울의 시립 자제원 무연고자 병동에서 사망하였다. 당시 소지품 하나 없이 병사한 것으로 기록되었고, 죽기 직전 여러

질병으로 대화가 어려웠던 그는 행려병자, 무연고자로 처리되고 만다.

　나혜석의 죽음은 〈관보〉에 무연고자 시신을 찾아가라는 광고가 실린 후에야 알려졌다. 그가 죽은 지 3개월이 지난 후였다. 1949년 3월 14일의 관보에는 무연고자 시신 공고라 하여 본적도 주소도 알려지지 않은 여자의 죽음이 발표되었는데 그 여자가 바로 나혜석이었다.

가. 화령전 작약, 목판유채 34 × 24cm 호암미술관

나혜석은 죽기 14년 전인 1935년 이혼과 사회적 냉대에 지쳐 고향 수원으로 왔다. 집과 가까운 화령전과 서호·화성을 찾아 그림을 그렸다. 당시의 대표적인 그림이 화령전 작약이다. 화령전은 정조대왕의 사당이다. 그림 속의 화령전 뒤로는 소나무 2그루가 바람에 흔들리고 화령전 앞으로는 작약이 활짝 피었다.

　작약(*Paeonia lactiflora Pall.*)은 중국이 원산지로 꽃말은 '부끄러움'이다. 모란과 자주 오인되는데, 두 식물은 엄연히 다르다. 모란은 나무이며 작약은 풀이다. 꽃이 비슷해도 줄기를 보면 차이 나는 걸 알 수 있다. 다만 둘 다 아름다운 꽃의 대명사로 여겨 동양권에서 미인을 모란이나 작약에 빗대기도 했다. 또 미인을 상징하는 관용구 중에는 '서면 작약, 앉으면 모란, 걸으면 백합'이라는 말도 있다. 화령전 작약 작품을 보고 있노라니 그림 속의 작약이 기구한 운명을 가진 나혜석을 닮은 느낌이다.

향당 백윤문

(香塘 白潤文, 1906~1979)

향당(香塘) 백윤문 화백(1906~1979)
은 이당 김은호 화백의 제자로 일
제강점기에 활동한 화가이다.

가. 죽림칠현도, 비단수묵담채 118 × 72cm 국립현대미술관

죽림칠현도를 보면 대나무 숲속에 9명이 있다. 피리를 불고, 거문고를 안고, 책을 읽고, 경치를 구경하고 있다. 그런데 화덕에 부채질을 하고 있는 사람과 시중을 들고 있는 작은 사람이 보이는데 아마 시동으로 보인다. 그래서 9명을 그린 것 같다. 대나무 외에는 어떤 나무도 보이지 않는다. 그런데 대나무와 다른 식물 하나가 보인다. 괴석 옆으로 잎이 넓은 식물이 보이는데 파초이다.

파초(芭蕉)(*Musa basjoo*)는 파초과의 여러해살이 식물로 중국이 원산지이며 높이는 약 4m 정도 자란다. 파초는 대나무와 같이 높은 기온에서 성장이 매우 빠르다. 단단한 줄기는 없으나 대나무의 강인함과는 비교되며, 푸르고 너른 잎은 부드러움과 풍성함을 느끼게 한다. 파초의 꽃말은 '기다림'이며, '미인'을 지칭하기도 한다.

파초의 잎 모양으로 만든 부채를 파초선(芭蕉扇)이라고 하여 도교의 팔선(八仙)의 지물 중 하나였고, 삼정승 출행 때 머리 위를 가리는 데에 사용했다.

파초와 관련된 고사(故事)에는 중국의 회소(懷素)와 장재(張載)의 이야기가 유명하다. 당나라의 회소는 어려서부터 글씨 쓰기를 좋아해 독학으로 글씨에 전념해 초서의 대가를 이룬다. 그는 매우 가난해 비싼 종이 대신 파초 잎을 따 그 위에다 글씨 연습을 했고 시를 썼다. 너무 열심히 쓴 탓에 주변의 연못을 온통 검게 물들였다고 한다.

송나라의 성리학을 발전시키는데 이바지한 장재는 파초를 남달리 사랑해 '파초'란 시를 남겼다. 성리학의 나라인 조선의 선비들은 그의 시 '파초'를 너도나도 인용했다. 파초는 겨울에는 말라 죽은 것처럼 보이지만, 봄이 되면 새순이 돋아나 기사회생의 상징물로 여겼다.

파초(芭草) / 장재(張載)

파초심진전신지(芭蕉心盡展新枝) 파초는 잎이 다하면 새 가지가 돋아나고
심권신심암기수(心卷新心暗己隨) 말린 속에서도 새순이 돋아나네
원학신심양신덕(願學新心長新德) 새잎 나는 이치를 배워서 새로운 덕을 쌓고
시수신엽기신지(施隨新葉起新知) 새잎이 베푸는 것을 따라서 새 지식을 기르리라

파초는 미인도와 괴석을 배경으로 자주 등장한다. 조선의 파초도는 18세기부터 시작해 후기와 말기로 이어졌다. 파초는 우리 옛 그림 식물 소재 중 사군자에 비길 바는 아니나 연꽃과 오동 등과는 견줄만한 그림 소재가 되었다.

일제강점기 암담한 조국의 현실을 직시하면서도 절망을 극복할 의지를 강하게 드러낸 김동명(金東鳴)의 '파초'도 유명하다. 그의 시는 교과서에 실리기도 했다.

파초 / 김동명

조국을 언제 떠났노
파초의 꿈은 가련하다
남국을 향한 불타는 향수
너의 넒은 수녀보다도 더욱 외롭구나
소낙비를 그리는 너는 정열의 여인

나는 샘물을 길어 네 발등에 붓는다
이제 밤이 차다
나는 또 너를 내 머리맡에 있게 하마
나는 즐겨 너를 위해 종이 되리니
너의 그 드리운 치맛자락으로 우리의 겨울을 가리우자

나. 분노(憤怒) 비단채색 192 × 151cm 개인소장

향당 백윤문 하면 '분노'란 그림을 이야기하지 않을 수 없다. '분노'는 백윤문의 이야기이기 때문이다. 그림의 이야기를 풀어본다.

분노의 그림은 사람 키를 넘는 대작이다. 야외에서 장기싸움이 벌어지는 장면을 그린 그림이다. 돗자리 위에 놓인 장기판이 발에 채인 듯 장기알이 흐트러져 있다. 아무래도 왼쪽의 붉은 바지 남자가 단단히 화가 난 모양이

다. 장기판을 피해 돗자리 밖에 맨발로 쫓겨난 오른쪽 남자는 억울함을 항변 중이다. 화를 내고 있는 붉은 옷의 남자는 '존마게'라는 일본식 상투를 하고 있어 일본인으로 보인다. 나머지 두 인물은 일반 백성인데 왼편의 사람은 일본인을 달래듯 말리며 맞은편 남자에게 나무라는 눈빛을 보낸다. 그는 비단옷에 머리는 탕건을 썼다. 게다가 허리춤에는 붉은 주머니가 두툼하니 돈도 많아 보인다. 아래쪽에 놓은 흰 도자기의 술병과 비단 신발 역시 이들의 사회적 신분을 상징한다. 오른쪽에 쭈그려 앉은 사람은 드러난 상투에 소박한 흰색 한복이 서민임을 알 수 있다. 곰방대에 얇은 주머니, 짚신역시 그의 초라한 행색을 보여준다. 이 그림은 1935년 일제강점기 조선총독부에서 주관하는 '조선미술전람회'에 출품된 작품이다. 조선이 아니 대한제국이 망했으니 나라 없는 백성이 감히 반일 작품을 내민 것이다.

배알이 꼴린다는 이유로 부당하게 화를 내는 일본인, 억울하게 오롯이 당

하는 흰색옷의 서민, 일본인 옆에 붙어 비위를 맞추며 서민을 탓하는 사대부.

작품의 제목은 '분노'이다.

일본인의 '분노'일까

화가의 '분노'일까?

결국 작품은 입선으로 마무리되었다. 이후 백윤문은 반일적인 태도를 가졌다는 이유로 경찰서에까지 가게 되었다. 그 충격 때문인지 향당 백윤문은 기억상실증에 걸리게 된다. 무려 35년간 그렇게 모든 것을 잊었던 그가 1977년 붓을 들게 된다. 기적 같은 일이 일어난 것이다. 그렇게 개인전까지 성공적으로 개최하고 열정적인 작품 활동을 했지만 2년 뒤 1979년 유명을 달리했다.

나라 잃은 설움이 복받쳐 분노하고, 가난한 백성이어서 분노케 하는 이 그림의 무대는 야외이다. 그것도 반듯하게 자란 소나무 아래다. 일본인의 멱살을 잡고 말리는 사람 뒤로 미끈한 소나무가 일직선으로 곧게 뻗어 있다. 마른 가지에는 솔방울도 달렸다. 우리나라의 소나무는 우리 민족과 함께한 나무로 우리 민족의 모든 것의 토대를 이루는 근본(根本)이라고 할 수 있다. 우리는 소나무를 보면서 오래 살되 부끄럽지 않고 이웃에 짐이 되지 않고 추하여 외면당하지 않고 존경받는 삶을 꿈꾸게 되었다. 자연의 역경 속에서도 항상 푸르고 내면으로는 꿋꿋하고 붉은 기상을 잃지 말라고 말하고 있다. 우리 민족의 희로애락을 같이 했으며 앞으로도 영원히 함께할 나무이다. 하필이면 그런 소나무 아래서 이런 사단이 일어난 것이다.

▼ 정이품송

마치며

숲 해설을 부탁 받고 가게 되었다. 담당자에게서 전화가 왔다. 숲 주위로 매실나무가 많은데 마침 매화가 활짝 피어 장관을 이루니 한번 짚어 주었으면 좋겠다는 내용이다. 매실나무를 어떻게 설명할까 고민하다. 지폐가 생각났다. 천 원짜리 지폐에는 매화가 활짝 피었고 5만 원권에는 매실나무가 멋지게 도안되어 있다. 돈을 가지고, 매화를 좋아했던 이황과 임포에 대하여 설명을 하니 무척 재미있어했다. 이것이 계기가 되어 실제 식물이 아닌 화폐나 그림 속의 식물 이야기를 해보면 좋겠다는 생각에 글을 쓰게 되었다. 다만 이 책은 전문서적이 아니다. 그저 숲과 식물을 좋아하고 관심 있는 사람들이 한번 재미나게 읽었으면 하는 마음에서 만들게 되었다. 학술적인 지식이 부족하여 인터넷의 글을 모으는 수준이다. 그렇기 때문에 모으는 과정에서 인용과 발췌·참고가 누락 되어 저작권 침해의 소지가 있지 않을까 걱정이 된다. 만약 있다고 한다면 연락 주기 바란다. 조치하고, 수정하겠다.

감사합니다.

이메일 : chnam9905@naver.com

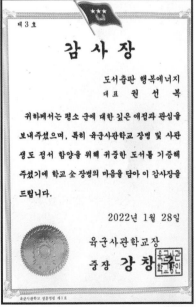

'행복에너지'의 해피 대한민국 프로젝트!

〈모교 책 보내기 운동〉

대한민국의 뿌리, 대한민국의 미래 **청소년·청년**들에게 **책**을 보내주세요.

많은 학교의 도서관이 가난해지고 있습니다. 그만큼 많은 학생들의 마음 또한 가난해지고 있습니다. 학교 도서관에는 색이 바래고 찢어진 책들이 나뒹굽니다. 더럽고 먼지만 앉은 책을 과연 누가 읽고 싶어 할까요?
게임과 스마트폰에 중독된 초·중고생들. 입시의 문턱 앞에서 문제집에만 매달리는 고등학생들. 험난한 취업 준비에 책 읽을 시간조차 없는 대학생들. 아무런 꿈도 없이 정해진 길을 따라서만 가는 젊은이들이 과연 대한민국을 이끌 수 있을까요?

한 권의 책은 한 사람의 인생을 바꾸는 힘을 가지고 있습니다. 한 사람의 인생이 바뀌면 한 나라의 국운이 바뀝니다. 저희 행복에너지에서는 베스트셀러와 각종 기관에서 우수도서로 선정된 도서를 중심으로 〈모교 책 보내기 운동〉을 펼치고 있습니다. 대한민국의 미래, 젊은이들에게 좋은 책을 보내주십시오. 독자 여러분의 자랑스러운 모교에 보내진 한 권의 책은 더 크게 성장할 대한민국의 발판이 될 것입니다.

도서출판 행복에너지를 성원해주시는 독자 여러분의 많은 관심과 참여 부탁드리겠습니다.

도서출판 **행복에너지** 임직원 일동